La Naturaleza de la Discriminación

¿En verdad todos somos iguales?

Hebert Gutiérrez Morales

La Naturaleza de la Discriminación: ¿En verdad todos somos iguales?

ISBN: 979-885-643-098-0

Índice

Introducción

La discriminación es algo omnipresente en la naturaleza humana, ya que nace con nosotros, y que nos ha acompañado aún antes del desarrollo de nuestra vanagloriada consciencia.

No podemos evitar notar a los que son, o consideramos, diferentes ya sea por cuestiones físicas, raciales, religiosas, sexuales, políticas, económicas, de nacionalidad y demás. Esto viene por esa necesidad humana de identificarse con un grupo, lo cual nos da confort y seguridad, así que si alguien es diferente al grupo al cual pertenecemos, de inmediato lo notaremos y, si lo llegamos a percibir como una amenaza, no dudaremos en apartarlo, a veces de manera sutil y otras de manera más abierta.

Es por eso que estoy seguro que TODOS en este planeta hemos sido discriminados de alguna u otra manera, a veces de manera abierta y otras de manera disimulada, así como a todos nos ha tocado discriminar en su respectiva oportunidad. Y no digo que esté bien, sino que es algo que nos es tan natural que es imposible erradicarlo. De alguna manera la discriminación era amoral, hasta que empezó a ser señalada de manera consciente.

A pesar de ello, el ser humano, en algunas de sus sociedades más avanzadas, ha intentado erradicar la discriminación de sus ámbitos, logrando reducirla a niveles bajos, no tanto por convencimiento, más bien por convenciones sociales y miedo a ser señalados e irónicamente, a ser discriminados por ser identificados como alguien intransigente o violento hacia las minorías.

Personalmente, no creo que se pueda erradicar la discriminación por completo, sin importar cuantas ideas progresistas se tengan en la actualidad, ni tantas medidas que se están tomando al respecto. Curiosamente, esos grupos que antes eran oprimidos, y que ahora se les están reconociendo sus derechos, quieren tomar ventaja de dicha situación y que les paguen todas las que les deben, cayendo en una contradiscriminación o discriminación inversa, la cual aplican a los otrora opresores.

Al ir armando esta publicación me pareció interesante leer mis ideas a lo largo de 12 años de evolución, no sólo propia, sino del mundo en sí. Ya que el ámbito en que escribí "Mis Corbatas" era totalmente diferente en el que redacté "Aversión a la inclusión", y no sólo cambió el ambiente, sino yo mismo, producto de esa evolución en la dinámica social.

Al inicio me leía como un paladín de la justicia, defensor del oprimido, para luego dar paso a ser casi un nazi, según el dedo acusador de los progres. Sin embargo, siempre procuré ser honesto con mis ideas, y no sólo pasar por un personaje acartonado y sin criterio propio; por lo que procuro respaldar mis textos con argumentos, y no sólo decir "Pues es así porque sí ¡y punto!".

Y es que en 2011 era muy fácil exigir "Igualdad para todos" pero, conforme empezó a avanzar una tendencia estúpida en que se exigía "Igualdad para los oprimidos y castigo para todos los demás", pues tuve que ir adaptando mis posturas porque, a fin de cuentas, se seguía sin pretender la equidad, sólo un cambio de jerarcas o derechos para discriminar. Así que mis ideas, y manera de expresarlas, se volvieron más duras.

Los primeros escritos se dieron antes de que la generación de cristal, que venía detrás de la mía, tomara posesión del mundo, y lo fueran modificando a sus ideas y apariencia, por eso mis puntos de vista eran más nobles pero, al ver la distorsión que hicieron de la realidad, el tono de mis opiniones fue cambiando para defender algo de sentido común o, por lo menos, lo que considero que lo es.

También va a resultar muy "interesante" esta lectura porque combino dos blogs: uno que fue el público y otro clandestino, en este último mi manera de expresarme era más libre y violenta, así que es un cambio que puede resultar chocante pero, al mismo tiempo, refrescante por la falta de autocensura.

Por ese mismo motivo, se puede notar algunos escritos muy violentos, intercalados con algunos ñoños del inicio pero, conforme van pasando los textos, se puede corroborar que elaboro los ensayos de una manera más cerebral e inteligente, en lugar de sentimental y visceral, lo cual me hace sentirme orgulloso de esa evolución personal, y también para hacer más digerible la lectura después de tanta violencia inicial.

Los temas son tan diversos como las razones por las cuales discriminamos y somos discriminados, la gran mayoría basados en cosas que viví o presencié, así que creo que será una lectura entretenida. O, por lo menos, eso espero.

Hebert Gutiérrez Morales.

Mis Corbatas

"El Modo de percibirnos es esencial. Muy rara vez se nos juzga por lo que somos, más bien se hace por la manera en que nos vemos y sentimos" – Alejandro Jodorowsky.

Cuando compro ropa nueva, cada inicio de año, hago un inventario de lo que ya no voy a utilizar y lo regalo. Dentro de ese recuento me di cuenta que tengo muchas corbatas y me dije: "Son demasiadas para alguien que gusta vestir de mezclilla", pero ahí me hice consciente que ya son más los días que visto formalmente que de manera informal.

Hace poco más de un lustro, mis entonces jefes hablaron conmigo y, echándome un discurso sobre la imagen que un ejecutivo (manera bonita de decir empleado fino) debe dar, me "invitaron" a cambiar mi indumentaria laboral. Mi decisión se vio precedida de fuertes debates internos pero, finalmente, accedí y empecé a vestirme de manera formal.

Obviamente me sentí vendido y/o prostituido; yo, que antes había poseído atuendos de los que me enorgullecí por alejar a la gente en el Metro del DF (Pelón, con barba y camisas con imágenes satánicas de Heavy metal), ahora estaba trajeado de manera impecable, pero con una herida en mis ideales y amor propio.

Por los dramas existenciales que suelo armar en este tipo de vivencias, tardé en percibir que el trato de la gente hacia mi persona comenzó a cambiar y, cuando lo noté, me enojé aún más. Esto corroboraba mis teorías de que la gente es superficial y se cumple el dicho de "Como te ven, te tratan", de ahí mi rechazo a las personas que se dejan llevar por las apariencias. Tal vez por esa misma aversión descuidaba mi imagen adrede (pero nunca mi higiene, cabe aclarar).

No sé si hoy estoy más maduro o más vendido, pero mi perspectiva ha evolucionado. Ahora el tema de la apariencia personal lo veo como la venta de dos productos: Tenemos uno bueno y otro malo, el de buena calidad tiene un empaque poco o nada atractivo, pero el de mala calidad tiene un empaque muy llamativo acompañado por una campaña publicitaria espectacular.

Obviamente, la mercancía mala se va a vender a montones y la buena lo hará marginalmente. La gente pronto notará la baja calidad del producto más publicitado y dejará de comprarlo, pero ¿y el producto bueno? ¿La gente tiene obligación de adquirirlo? ¿Tiene la necesidad de darle un chance y comprobar su alta calidad? Un rotundo "No" es la respuesta de la realidad que vivimos.

Dicen que el que no enseña (o, mejor dicho, no se promueve), no vende: Aunque uno sea una súper persona llena de cualidades, nadie se va a animar a averiguarlo si te ves como un indigente (y mucho menos si hueles como tal), y lo mismo aplica al revés: ¿A cuántas personas de cuestionable valor moral se acerca uno por el simple hecho de que se ven bien?

"El verte bien no te hace mejor o peor individuo, pero sí invita a los demás a conocer qué tipo de persona eres" –Hebert Gutiérrez Morales

En mi educación se me inculcó que "todos somos iguales y merecemos el mismo trato" y suena muy bonito, pero es utópico. No es el mismo trato que se le da a alguien con una imagen cuidada que al que la tiene descuidada; eso sin contar las discriminaciones que se hacen por el atractivo, la altura, el peso, color de piel, manera de hablar, el origen étnico y/o nacionalidad. Muchas veces, este cambio en el trato es inconsciente y muchas otra no. ¿Es esto correcto? ¡Claro que no! Como tampoco lo es que haya hambre en el mundo cuando hay comida de sobra, pero ambas existen y no van a desaparecer sólo porque cerremos los ojos.

En alguna ocasión, de las pocas veces que accedo a salir con mis amigos salseros al antro, vi a una chica que no bailaba Salsa pero que estaba MUY bien: alta, piernas largas y bien formadas, porte, busto bien proporcionado y de buenas facciones. Aunque todavía me faltaba bailar con otras chicas de mi academia, preferí sacar a la desconocida y, felizmente, accedió.

Mi gusto tardó menos de un minuto porque, al hablar con ella de cerca, me llegó el tufo que tenía por aliento, algo tristemente insoportable: una mezcla entre alcohol, cigarro, bilis y que además había dormido poco; fue algo terrible que me hizo no volver a sacar a la susodicha por más "buena" que estuviera. No importa cuidar al 100% la apariencia, la higiene pude descalificar a cualquiera sin importar lo bien que se vea.

Aún crítico a la gente superficial pero, no puedo negar la importancia de la imagen en este mundo visual. Una ocasión se me hizo tarde para pasar a cambiarme a la casa, así tuve que pasar al Costco trajeado en un día que, modestia aparte, me veía especialmente bien porque parecía corredor de bolsa salido de Wall Street (con mi cabello recogido y los lentes). Ésa ha sido una de las visitas que más he disfrutado al centro comercial, porque atraje miradas por doquier y mi ego estaba a tope por tanta atención. Sé que la gente no veía mis valores ni mis cualidades, pero ¿a quién no le gusta ser el objetivo de las miradas, en especial, de las mujeres?

"Puedes derrochar la fortuna de la familia y acabar con todo lo que aprecias, pero nunca, nunca debes aparecer en público con los pantalones sin planchar o los zapatos sin lustrar" - Douglas Kennedy ("El momento en que todo cambió")

Hace años me hubiera dado asco a mí mismo al ver que poseo tantas corbatas y trajes, y más aún el saber que ahora son indispensables en mi guardarropa, pero ahora ya no es así. Tal vez ya me han domado o simplemente me di cuenta de cómo funciona el mundo en el aspecto visual. A pesar de haber crecido en esa faceta, hay algo que gané desde que visto formalmente: ahora disfruto al doble los viernes informales, porque el vestir mezclilla en la oficina se ha vuelto todo un lujo (y además indica el inicio del fin de semana).

22 de enero del 2011.

Intolerancia

"El nivel de desarrollo, tanto en individuos como en sociedades, es inversamente proporcional a los prejuicios que se tienen" – Hebert Gutiérrez Morales.

Desde mi adolescencia siempre he recibido críticas de los demás, por lo que me he ganado fama de intolerante y dogmático. No voy a negar parte de lo que soy, y estoy trabajando en ello. Con el paso del tiempo me he dado cuenta que algunas de esas críticas tienen fundamentos, pero la gran mayoría se basan en que mis decisiones no son iguales a las de la mayoría.

Ahí está lo irónico del asunto, como no vivo conforme a lo que los demás esperan de mí, YO soy el intolerante, porque no me adapto a lo que la sociedad dicta. Sé que es un comportamiento inconsciente pero ¿no es ridículo que sólo haya un camino "correcto" para vivir?

Recientemente empecé a dejarme la barba, obviamente hay gente a la que no le gusta, a la que sí y a la que no le importa (como todo en la vida). No pretendo agradar a todos, pero hubo un par de mujeres que me exigieron vehementemente que me rasurara. Si ni novia tengo, pues menos voy a permitir que alguien más me diga qué tengo o no tengo que hacer con mi cuerpo. Luego no se quejen de por qué no les duran los novios.

Yo mismo les digo a mis amigas del trabajo cuando me gusta o no su atuendo y, bromeando, les llego a decir que ya no se pongan tal o cual prenda, pero no exijo nada. Uno puede emitir su opinión sobre si le agrada o no algo, pero la otra persona es libre de elegir. Aunque fuese su novio o su esposo, no puedo andar exigiendo sobre vestimenta, acciones o pensamiento de ellas.

¿Por qué tenemos (me incluyo) esa necesidad de juzgar si algo está bien o mal? ¿Por qué no podemos tener esa paz espiritual, esa tranquilidad mental de aceptar las cosas simplemente como son? Siempre las vemos como "deberían" ser desde nuestra prejuiciosa perspectiva. Hay muchas cosas que simplemente son diferentes y no por eso están bien ni mal.

En México nos ufanamos de que somos bien ecuánimes, que aceptamos a todos y, como ejemplo, no tenemos problemas con dos de los grupos más prejuiciados en el mundo: los negros y los judíos. En realidad es fácil para nosotros, porque casi no tenemos negros ni judíos pero, como nos encanta seguir las "modas mundiales", ¿seríamos igual de tolerantes si tuviéramos poblaciones representativas de ambos grupos en nuestro país? Sería algo interesante de observar. Por lo pronto, no tenemos cara para juzgar a otras naciones ya que, cuando se trata de los derechos humanos de los indígenas, ya no somos tan ecuánimes ni tolerantes.

Hoy en día muchos se sientan en su pedestal de ecuanimidad y perfección para criticar a los Nazis, las guerras religiosas, la xenofobia, la crucifixión de Cristo y demás ejemplos penosos de la humanidad. Déjenme decirles que todo eso empezó por diferencias de opinión, ideas, creencias o raza y la intolerancia que eso desató. Aunque hoy nos creamos muy superiores y evolucionados, no hay gran diferencia entre nosotros y los humanos de hace 2000 años.

Si no podemos aceptar que se piense diferente a lo que creemos, ¿Qué pasará si además se ven diferente, tienen otra fe, otras costumbres, otras ideologías políticas y demás maneras de moverse por la vida? No es necesario (ni posible) que aceptemos todo a nuestro alrededor, podemos tolerar y respetar sin tener que compartir lo que no nos gusta. Es un hecho que cada uno de nosotros cree poseer la verdad universal, porque consideramos que nuestras formas de percibir la existencia son las más cercanas a como es la realidad. Esto es ridículo, porque hay casi Siete mil millones maneras "mejores" de ver la vida y no todas pueden estar en lo correcto (es más factible que todas estén equivocadas).

Dentro de las enseñanzas que profesan las religiones judeocristianas, hay una que dicta "Amarás a tu prójimo como a ti mismo". Al haber tantos practicantes de estas religiones, ¿por qué sigue habiendo tanto odio en todo el mundo? ¡Ah! Porque este dicho es "mañosamente" interpretado de la siguiente manera "Amarás a tu prójimo (cristiano, judío, blanco, negro, mexicano, gringo, europeo, asiático, rico, pobre, o lo que aplique) como a ti mismo". Si una persona no piensa, se ve o cree como nosotros, entonces no lo consideramos nuestro igual y, de inmediato, ya le tenemos un prejuicio por no compartir (nuestra) "verdad universal". A veces ni siquiera se les considera humanos (como tristemente se ven en tantos conflictos étnicos y religiosos a lo largo de nuestra historia sobre la faz de la tierra).

Podemos explicar al mundo cómo vemos la vida, por qué la vemos así, nuestras razones que sustentan estos puntos de vista, pero no podemos obligar a nadie a compartir nuestra forma de vivir o de percibir la realidad. Podemos fundamentar todo lo que creemos de manera convincente pero no podemos hacer que otros crean lo que nosotros, podemos dar razones, pero no obligar. No entiendo por qué tenemos esa necesidad de que los demás hagan, piensen, digan o vivan lo que nosotros hacemos, pensamos, decimos o vivimos

Cuando era niño me preguntaba "¿Qué le pasa a esos países locos que no están en la ONU?" hoy en día me doy cuenta que es su derecho y hasta aplaudo su valentía de no afiliarse a un organismo sólo porque el resto así lo quiere, nadie tiene por qué obligarlos. Terroristas aparte, se deben respetar a los individuos por lo que son, lógicamente no se les va a aceptar su daño a terceros. Y cuando menciono el daño a terceros no aplica "Es que sus creencias me son ofensivas", ése es un problema propio pero muchos se justifican en él para agredir. Me refiero a daños a terceros como físicos, económicos o un ataque moral directo (no sólo porque no comparto sus ideas).

"Nada nos hace creer más que el miedo, la certeza de estar amenazados. Cuando nos sentimos víctimas, todas nuestras acciones y creencias quedan legitimadas, por cuestionables que sean. Nuestros oponentes, o simplemente nuestros vecinos, dejan de estar a nuestro nivel y se convierten en enemigos. Dejamos de ser agresores para convertirnos en defensores. La envidia, la codicia o el resentimiento que nos mueven quedan santificados, porque nos decimos que actuamos en defensa propia. El mal, la amenaza, siempre está en el otro. El primer paso para creer apasionadamente es el miedo. El miedo a perder nuestra identidad, nuestra vida, nuestra condición o nuestras creencias. El miedo es la pólvora y el miedo la mecha. El dogma, en último término, es sólo un fósforo prendido" – Carlos Ruiz Zafón ("El Juego del Ángel")

No tenemos por qué matar, castigar o encarcelar a alguien distinto a nosotros. Como humanidad nos encanta juzgar como si fuésemos inmaculados pero NADIE lo es, todos tenemos errores y por lo mismo debemos ser tolerantes con los demás.

Cuando nos volvamos sensatos y aceptemos las diferencias que hay con el resto de la humanidad, es factible que nos volvamos mejores seres humanos, algo que necesita este planeta porque algo que sí hemos dado, y a manos llenas, es una cantidad impresionante de agresión generada por tanta intolerancia. No aprendemos, como humanidad, que la violencia sólo genera más violencia y ya es hora de romper ese círculo vicioso.

No se trata de que todos pensemos igual, veamos la vida de la misma manera y tengamos las mismas costumbres, ya que eso es imposible debido a que todos somos distintos. Debemos de aprender a aceptar las diferencias de los demás, ya que nunca va a ver otra persona igual a nosotros (ni físicamente, ni en gustos, ni en creencias, ni demás características), pero como sólo tenemos un único planeta, pues debemos aprender a vivir unos con otros.

22 de Mayo del 2011

Ni GLS ni homofóbico

El término GLS (Gays, Lesbianas y Simpatizantes) es un adjetivo que se les da a ciertos antros de música electrónica que, en teoría, son de los mejores. Este término lo conocí en una comida con unos amigos, entre los cuales uno era gay y el otro conoce muchos aspectos de su mundo (sospechosamente, debo de agregar).

Antes de continuar quiero aclarar, casi no menciono a las lesbianas en el ensayo, no porque no merezcan respeto sino porque no me estresa su existencia, de hecho me caen muy bien, sobre todo cuando se besan (pero esas ya son perversiones mías que no voy a andar ventilando).

Siempre ha existido la homosexualidad, ¿desde cuándo? No lo sé, tal vez desde el inicio de la "civilización" (Que esperemos que algún día sea civilizada en sí y no sólo de título). Tal vez desde que tenemos "consciencia" (mismo comentario, ojala algún día lo seamos en realidad), porque cuando la consciencia se junta con los instintos viene la lujuria. El hecho es que ha existido desde las culturas antiguas hasta la actualidad y que va a seguir existiendo en el futuro. Tal vez no lo podamos aceptar del todo, pero sí podemos respetar a otros seres humanos.

Lo chistoso es que, según mis teorías, los mismos "machos" fueron los que dieron nacimiento a los gays. Primero con tanta poligamia, se han de haber aburrido en algún momento de tantas mujeres y empezaron a probar cosas distintas (así como les pasa a varios artistas en la actualidad). Tal vez fueron una especie a mutación de la naturaleza (síp, como los X-Men). Otra actitud machista que fomentó más homosexualidad fue el no considerar a las mujeres como seres humanos en la antigua Roma, dónde sólo se les consideraba como "herramientas" para procrear y el auténtico placer estaba en estar con alguien a tu altura, o sea, otro hombre. Qué irónico que el machismo haya fomentado la homosexualidad, para que los machos actuales vean en qué acaban sus actitudes homofóbicas.

El caso es que la homosexualidad ha estado presente en la humanidad desde la formalización de las sociedades y, miles de años después no podemos superar prejuicios ligados a ésta. ¿Acaso nos hace mejores personas el señalarlos? Yo creo que no, al contrario.

Volviendo a la comida a la que hice referencia al inicio del ensayo, uno de mis amigos para referirse a los heterosexuales dijo "gente normal", obviamente nuestro amigo gay no se quedó callado y respingó: "¿Cómo que gente normal?", así que después tuvo que corregir el comentario a "hetero" y no pasó a mayores. Minutos después mi amigo gay, el cual es muy afecto al entretenimiento audiovisual, me hizo el comentario: "Cuando vuelvas a ser 'gente normal' y tengas TV bla bla bla", haciendo referencia a que hace tiempo dejé de ver televisión.

Este ejemplo que pongo deja en claro que los gays son gente normal, con iguales prejuicios y virtudes que los heterosexuales; y también me quedó claro que una gran mayoría de gente heterosexual considera a los gays "anormales". El término "gente normal" varía de individuo a individuo, personalmente, no creo que el ver o no TV, o el ser o no heterosexual, dicte si alguien es normal o no; lo triste es que para mucha gente sí lo es.

"Tú crees que la única gente que es gente, es la que se ve y piensa como tú" – Pocahontas (Disney)

Obviamente no es un tema cómodo, por ejemplo, el primer beso que vi entre hombres fue en la película "Escape en el Expreso de Medianoche" y fue algo bastante impactante, agresivo y grotesco para mi tierna mente de doce años. Pocas veces en mi vida he visto besos entre hombres, casi todas en la TV, y siempre son momentos bastante fuertes que confrontan los paradigmas con los cuales uno es educado ("Los hombres sólo se besan con mujeres"), por lo que ver uno entre hombres resulta muy violento para tus creencias y educación. Pero en fin, uno se tiene que ir "re-educando" ya que no lo van a dejar de hacer sólo porque me estresa.

Muchas personas argumentan que lo natural es que el hombre nació para acoplarse con una mujer y, hablando en términos de la madre naturaleza, pues eso es cierto: está el gallo con la gallina, el toro con la vaca, el perro con la perra, y todos los ejemplos que quieran poner. Sin embargo, también hay otro hecho innegable: los homosexuales han estado aquí desde hace miles de años y seguirán aquí mientras haya humanidad.

Naturalmente a muchas personas no les agradaran, pero no se van a ir a otro lado ya que este planeta también es su hogar y tenemos que aprender a convivir con ellos como lo que son: otro ser humano con diferentes tendencias sexuales. ¿O qué? ¿Los vamos a meter en campos de concentración debido a que van "en contra de la naturaleza"? ¿Los vamos a aniquilar? ¿Cuántos de nosotros traemos un Hitler en potencia en nuestro ser?

Hace algunos años, la amiga más sui géneris (por no decir loca, en el buen sentido) que he tenido, llamada Flor, llegó de buenas a primeras con la siguiente propuesta: "¡Vamos a un antro gay!" Casi escupo el agua que estaba bebiendo y le contesté "¿QUÉ? ¿Estás loca? No voy a ir a un Antro gay, ¡porque no soy uno! Además, ¿Qué van a pensar de mí? Bla bla bla". Después de escuchar las innumerables razones por las que no iba a ir, ella me aniquiló con una sola frase: "Bueno, como yo sí estoy segura de mi sexualidad, no tengo miedo y sí voy a ir". Finalmente fuimos al antro gay (¡Maldita psicología inversa!).

El ir a ese lugar ha sido la experiencia antropológica más fuerte de mi vida, fue algo confrontante para mi educación, impactante, un ambiente inexplicable y que sólo se puede entender yendo ahí. Para ir más "seguros" fuimos con otros dos amigos (hombre y mujer), así quedaba claro que no buscábamos nada más que bailar. A pesar de ello, yo estaba MUY estresado, asustado, freakeado, intimidado, etc. Por lo que no me separaba de Flor ni un momento (lo cual no me molestaba en absoluto).

La parte crítica de la visita fue la ida al baño, como había consumo mínimo, pues habíamos tomado refrescos los cuales, después de un par de horas, deben seguir su camino al mingitorio. A pesar de mis ruegos, Flor no me quiso acompañar al baño (¡Demonios!) y tuve que ir solo. Tristemente el antro estaba a reventar y, por desgracia, nos encontrábamos en la esquina opuesta al baño, así que emprendí mi cruzada hacia el sanitario con bastantes precauciones y mucho miedo.

Creo que mi terror era notorio porque, en una escalera, alguien me apretó una nalga. Aún hoy en día, que algunos años han pasado, todavía me siento ultrajado y mancillado en mi honor al recordar ese triste pasaje de mi existencia, pero tenía que seguir y llegué al baño. El ambiente en ese lugar era aún más impactante que lo que se vivía en el antro en sí, sólo me dije "No veas nada, no escuches nada, haz lo que tengas que hacer y lárgate", de hecho bloquee las imágenes de mi memoria porque sólo recuerdo que oriné lo más rápido que pude, y ni las manos me lavé, porque mi instinto de conservación me pedía huir de ahí tan pronto como fuera posible.

Al igual que algunos de ustedes, la infeliz e ingrata de Flor se estaba riendo a carcajadas cuando le conté mi historia pero, ¡Oh justicia divina!, a media burla alguien pasó y le pellizcó su llamativo (y delicioso) trasero. Ahora yo me reía mientras ella soltaba su letanía al aire "¡No es posible! ¡Ya no hay respeto en este mundo! ¡Ni en un antro gay puede estar tranquila una mujer!"

Nunca he sido promotor de los homosexuales, pero tampoco estoy (marcadamente) en su contra, sólo sé que son seres humanos como el resto y tienen los mismos derechos de existir tranquilamente como todas las otras personas. Uno puede tener opiniones a favor o en contra pero, no por ello, uno va a dejar de respetarlos.

Uno de mis mejores amigos es gay, y es un tipazo lleno de virtudes, dentro de la que destacan su personalidad, carisma, buen humor, inteligencia, buen gusto para disfrutar detalles y (como buen gay) para la estética en general. Su novio, que ahora también lo considero entre mis amistades, es una de las personas más respetuosas, civilizadas, cultas y tranquilas que haya conocido en mi vida, un auténtico caballero.

Así como tengo amigos gay, tengo otros tantos con los que tengo diferencias grandes: tengo unos muy buenos que le van al América, que son súper religiosos, tengo otros con creencias políticas totalmente contrarias a las mías, hasta tengo algunos muy queridos que ni siquiera leen mis ensayos, en fin, tengo muchas amistades con las cuales tengo MUCHAS diferencias, pero no por eso vamos a dejar nuestra amistad, al contrario, gracias a esas diferencias la relación se enriquece más al tener puntos de vista interesantes en cada tema. Tengo esa diferencia con mis amigos gay, pero no por ello dejan de tener una calidad moral alta y son mucho mejores seres humanos que bastantes heterosexuales que conozco.

"En sí, la homosexualidad está tan limitada como la heterosexualidad: lo ideal sería ser capaz de amar a una mujer o a un hombre, a cualquier ser humano, sin sentir miedo, inhibición u obligación." - Simone de Beauvoir

Además tiene sus ventajas tener amigos gays porque, si te llevas pesado con ellos, les puedes hacer todas las bromas de gays, ¡Y no se pueden defender!, claro yo también me tengo que aguantar cuando hacen bromas sobre mi escasa vida social. Pero el precio es justo para todas las risas que me provocan estas bromas, además que son en buena lid, nunca con la intención de lastimar, sólo queremos reírnos sardónicamente el uno del otro. ¿Por qué les cuento esto? Porque entiendo que los gays no quieren un trato especial, ellos quieren que se les trate como cualquier otra persona, por eso hago bromas pesadas como lo hago con mis mejores amigos.

Ahora, a pesar de que no soy (tan) homofóbico, y de todo esto que he escrito, a pesar de mis amistades y hasta familiares que son gays, aún tengo un prejuicio (¿o valor?, no sé cómo identificarlo) que aún no puedo dejar atrás. Pueden casarse, vivir juntos y tener todos los derechos de los heterosexuales pero, personalmente, no me cuadra que una pareja del mismo sexo críe a un niño, sobre todo una conformada por hombres.

Sé que este punto puede descalificar todo lo escrito, pero tengo que ser honesto al momento de escribir. No tengo estudios, no tengo hechos, no tengo experiencias ni nada sobre qué soportar mi rechazo a que parejas de gays críen a niños, sólo tengo mi propio sentido común. Sobre este tema, platiqué con mi amigo gay y él me daba una opinión bastante válida: "Si el que te críen parejas heterosexuales asegura tener una educación de primera y evitara los problemas psicológicos que se sufren en la infancia, estoy de acuerdo en que nos descalifiquen. Sin embargo la violencia familiar, las violaciones, alcoholismo, drogadicción, neurosis y demás vejaciones se han dado con la educación de parejas de heterosexuales".

El argumento de mi amigo es muy válido, pero aun así no votaría a favor de este tema. Lo más a lo que podría llegar es a abstenerme en mi voto. Espero en un futuro poder superar este prejuicio, porque la calidad humana de las personas no debe de variar en función a sus preferencias sexuales, ya que hay personas excelentes y basura de gente tanto gays como heterosexuales.

Cada vez me convenzo más que la raza humana es intolerante por naturaleza (con algunas pequeñas excepciones que confirman la regla). Claro que eso me molesta, pero no tanto como el que nos vendamos como personas ecuánimes, que somos bien "open mind" hasta que algo no nos gusta, que no necesariamente nos tenga que afectar. Guste o no, la homosexualidad ha existido desde siempre, y resulta que el resto de la humanidad nos comportamos de manera estúpida al no respetarlos (ya no digamos aceptarlos). Es tan ridículo como discriminar a alguien por su color de piel, ideas políticas, su religión, su nacionalidad y hasta por sus gustos deportivos.

Muchas personas dicen que los homosexuales no deberían existir, que la naturaleza por eso creo al hombre como complemento de la mujer (y viceversa), y así DEBERÍA ser, como deberían ser tantas cosas: que los humanos cuidáramos la naturaleza de la cual provenimos, como que no debería haber hambre en el mundo cuando hay suficiente comida para todos, como nuestra vanagloriada consciencia y evolución deberían ser suficientes para que ya no hubiera guerras, como debería estar erradicada la violencia y dejar de matarnos entre nosotros.

Son tantos hechos utópicos que deberían ser PERO NO SON. No importa si la homosexualidad debería ser o no, el único hecho es que existe, y no porque no debería ser, los vamos a asesinar porque, si vamos a exterminar todo lo que no debería ser, deberíamos empezar por cada uno de nosotros que somos tan nocivos para este hermoso planeta, porque es antinatural y no debería ser.

16 de Julio del 2011

Un problema gordo

Más de 30 años de mi vida fui gordo y, no lo puedo negar, hay una parte de mi ser que aún se siente así, por lo mismo, es factible que mi comentario respecto a este tema no sea objetivo, ya que desprecio abiertamente ese sobrepeso que me acompañó gran parte de mi existencia. Por esa misma animadversión, soy capaz de superar mi gula (que en ocasiones es más grande que mí mismo) para evitar esa obesidad. No sé si mi caso esté justificado, sólo recuerdo lo que viví y me quedó un prejuicio remanente de tantos años de burlas y discriminaciones por mi peso. Y es que en este país el estar obeso es equivalente a ser leproso, y me baso en el terror de la gente a subir de volumen o tallas.

Empecemos por las modelos imposiblemente flacas que aparecen en revistas, películas, televisión, eventos y demás escaparates para decirles a todos que eso es ser atractiva, y me parece que los estándares de belleza están mal. A mí no me gusta una mujer excesivamente flaca, me gusta que tengan carne que agarrar y curvas que lucir. Sin embargo, por el excesivo bombardeo mediático, TODAS las mujeres del mundo (o por lo menos las que conozco) se sienten gordas, nunca he escuchado una que diga "Estoy feliz como soy". Todo porque son normales, sanas y (por lo menos para mí) bellas en vez de esqueletos vivientes.

El peso tiene mucha importancia en nuestro mundo actual, por ejemplo, en alguna ocasión pasó por la oficina una chica muy gordita, que vestía una prenda igual a la de una de mis amigas (la cual estaba en muy buen forma). De inmediato la empezamos a molestar con que era su gemela (en nuestro departamento casi no se nos da eso de ser fregativos), el caso es que no fue un acoso constante y, normalmente, se me hubiera olvidado el tema de no ser porque ella me pidió que la acompañara a caminar un momento. Durante la caminata se soltó a llorar inconsolablemente conmigo porque "estaba gorda", para mí resultaba increíble su postura y, por más que le dije que era una mujer muy atractiva y en una excelente forma física, no me escuchó ya que ella estaba convencida que estaba obesa.

En la adolescencia solía decir "A mí no me importa si llego a 100 kilos, lo importante es que me vea muy bien". En teoría, nadie le tendría que dar importancia al peso, sino cómo está proporcionado; la realidad es que la gran mayoría (incluyéndome) le damos más importancia al numerito que nos arroja la báscula, aún más de la forma en que nos veamos, y es que el músculo pesa más que la grasa y ocupa menos espacio, ¿De qué sirve estar delgado si uno es un guiñapo? ¿De qué sirve estar en el ideal si uno no tiene condición? ¿De qué sirve bajar kilos si uno lo ha logrado a base de morirse de hambre en vez de ejercitarse? Sin embargo, aún me obsesiona el peso porque tengo miedo de ser gordo otra vez, y no quiero ser rechazado.

Recientemente estuve haciendo mucho ejercicio, sin pesarme por alguna semanas, el día que lo hice noté que ¡había subido dos kilos! Aunque mi reacción no fue muy positiva al inicio, no veía una lonja de más y mi ropa me quedaba igual, a pesar de que las evidencias indicaban que era músculo, por esa programación inconsciente que muchos traemos, me preocupé y empecé a ver cómo podía bajar esos dos kilos, sin importar que me vea bien y la ropa me queda perfectamente. Lo malo es el autoacoso adoptado en donde lo más importante es la cifra en la báscula, no cómo nos vemos y sentimos.

Es políticamente correcto que se te recomiende bajar de peso por salud, pero todos le damos más importancia a los factores estéticos y la salud la dejamos en segundo plano, por eso mismo somos capaces de malpasarnos y castigar nuestra alimentación, con tal de bajar dos míseros kilos que le den un golpe de confianza a nuestro amor propio. Todo el mundo es vanidoso y quiere ser la versión más atractiva posible de sí mismo.

La primera vez que me puse a dieta fue alrededor de los nueve años porque era un niño gordo. Esto pasó por leer las revistas de mi mamá (sobretodo Vanidades y Cosmopolitan), en dónde siempre te daban dietas y tips para bajar de peso. Inconscientemente aprendí que estaba mal ser obeso, y todo debido al marcado énfasis puesto en perder kilos, aunado a que en todas las imágenes en dichas revistas aparecía gente esbelta.

Me di cuenta que el mundo no te quiere si estás gordo, por eso inicié mi propia dieta, de las que aparecen en esas publicaciones. Obviamente no duré ni una semana con ese régimen, lo que perduró (y aún lo hace hasta el día de hoy) fue esa semillita que se arraigó en mi inconsciente de que está mal no estar en forma, y no precisamente por el aspecto de salud, sino por el de estética.

Ésa es una de las grandes trampas de esta sociedad: en los medios de comunicación sólo se muestran personas delgadas o atléticas pero, cuando vas por la calle, ves a demasiadas personas con sobrepeso (por lo menos en México), y eso causa una terrible frustración a la población en general, que vive en constantes dietas o no disfruta de la vida a través de sus alimentos, porque les causa remordimiento el engordar.

Hablando de clases económicas, en México y el mundo, hay una minoría de ricos que someten a la mayoría de la población mundial que es pobre. De igual forma, en cuestiones estéticas, los pocos esbeltos dominan a los muchos obesos. Pareciera que el estar en forma te da acceso a estar en una clase social estética alta y el tener sobrepeso te condena a esta en una clase baja A pesar de que estos últimos son más, no dejan de ser blanco de burla de toda la sociedad, incluyéndolos a ellos mismos. Los gordos quieren bajar kilos, no por salud, sino por cuestiones estéticas y para poder burlarse tranquilamente del resto de obesos.

Esa discriminación también se da en la vida cotidiana, tal vez no se den cuenta pero, si ponen atención, es común que una persona obesa no reciba el mismo trato que una en buena forma física, lo mismo pasa con las guapas y las feas, las que tienen rasgos autóctonos o las que tienen facciones europeas.

Otro ejemplo, evidencia de lo pesado que nos llevamos en mi trabajo, en una ocasión nos pusimos de acuerdo para molestar a uno de mis amigos, el cual está en buena forma, y en distintos días de la semana le dijimos, de forma escalonada, comentarios como: "Oye, ¿estás subiendo de peso?" "Vaya, me parece que te veo un poco cachetón" "¿No estarás reteniendo líquidos? Es que no te veías así", y demás. Obviamente nosotros encontramos eso hilarante pero el pobre infeliz se metió a un programa más estricto en su gimnasio, se dedicó a comer pura verdura a partir de ese momento y compró pastillas para adelgazar. Sobra mencionar que, aunque le aclaramos que era una broma premeditada, no nos quiso escuchar y fue más potente el terror de verse gordo que su posible enojo por nuestra broma.

Personalmente sé que estoy en buena forma física (no un modelo aclaro), y así ha sido durante ya algunos años. Sin embargo, de alguna enferma manera, al tener vivo el recuerdo de lo que es estar gordo, me mantengo con ese estrés constante por perder kilos, esto es como un seguro para no bajar la guardia. Y es que, con lo tragón que soy, con un poco que me descuide, empiezo a subir de peso generosamente, fácilmente subo un par kilos en una semana.

Me he autoimpuesto ese mecanismo de defensa para no volver a la obesidad ya que, cuando dejas de serlo, no quieres volver a lo mismo. Definitivamente no me motivan las cuestiones de salud (aunque también me veo beneficiado en las mismas), es más poderoso el sentimiento de vanidad, por eso mi estética es la que me impulsa a cuidarme, y no soy el único, en verdad pocas personas lo hacen por salud, y muchas lo hacemos por la apariencia.

Honestamente, si tuviera un metabolismo (aún) mejor que el poseo, siendo de esas personas que, por más que traguen, se mantienen en forma, no haría tanto ejercicio como hago en la actualidad. De hecho, creo que lo única actividad física con la que me quedaría sería la Salsa, porque me la pasaría comiendo groseramente, leyendo, escribiendo, viendo películas, echándome el cafecito con amigas, viendo fútbol americano y tantas otras actividades que podría hacer con todo ese tiempo libre.

Afortunada o desafortunadamente, con mi corporalidad, no puedo darme el lujo de dejar de ejercitarme. Para mí es importante no estar gordo, nunca seré delgado por mi complexión, pero obeso no soy definitivamente. Lo bueno es que al procurar mi vanidad a través del ejercicio también obtengo el beneficio de tener una salud envidiable.

Ahora, para que vean que no siempre estuve del lado fregativo, cuando empecé a perder kilos (20 en diez meses), el comentario de la gente era "¿Oye Hebert? ¿Estás enfermo?" "Me parece que ya te pasaste de delgado" "Te estás volviendo anoréxico" y otros tantos que, en vez de celebrar mi adelgazamiento, me hacían preocuparme. No importa que estuviera con una nutrióloga, ni que hubiese alcanzado mi peso con un plan de ejercicios adecuado, el hecho es que me sentía muy deprimido porque los demás rechazaban

que ya no fuese gordo, hasta fue un tema de conversación con mi
terapeuta.

Lo que me pasó fue un reflejo de una sociedad como la
nuestra: "si todos estamos mal, queremos que te quedes con nosotros,
no tienes por qué salir del hoyo". Tardé varias semanas en aceptar mi
nuevo estado físico y, con ello, las críticas cesaron. Aunque creo que
es un comportamiento inconsciente porque me he descubierto con
comentarios similares, que se quedan en la punta de la lengua,
cuando me encuentro a algún conocido que está bajando tallas
notoriamente. Así que los gorditos no sólo deben pelear contra
costumbres culinarias y físicas para bajar de peso, también deben
vencer la resistencia del prójimo que no quiere que lo hagan ya que,
de lo contrario, ¿de quién se burlarían posteriormente?

Es despreciable la actitud del resto de las personas que
molestan a los gordos, sin saber lo que ellos sienten por estarlo. Los
ejemplos que mencioné arriba fueron de gente en forma que se creía
obesa pero, como ex-gordo, evito burlarme de alguien con sobrepeso
(a menos que nos tengamos MUCHA confianza y nos podamos reír
el uno del otro). En la sociedad hay un gran blanco de burlas y
prejuicios, y es la gente que no está en buena forma física, la cual
debe soportar una serie de injusticias por su corporalidad.

Sin importar que tantas leyes en contra de la discriminación
existan en el mundo, a fin de cuentas el bullying y el mobbing contra
la gente obesa son permanentes, tal vez sea inconsciente, pero es
constante. Si no me creen, chequen los comentarios agresivos de los
que son objeto sus conocidos con sobrepeso en distintos ámbitos,
tanto de manera abierta como a sus espaldas.

Por otro lado, a excepción de que sea un tema glandular, esas
personas están gordas porque así lo desean. Aunque no todos
podemos ser delgados, la mayoría sí podemos estar en forma, eso es
algo que hemos perdido de vista, ya que todo el mundo quiere ser
delgado cuando eso es físicamente imposible.

Si no te gusta estar gordo, hay opciones para dejar de serlo, y
no me refiero a pastillitas mágicas ni aparatos milagrosos. El camino
más viejo y conocido es el más efectivo, pero el que más dedicación
y compromiso requiere: alimentación saludablemente inteligente y

actividad física. Lo malo es que nos gustan las soluciones fáciles y rápidas en este mundo "Light" en el cual abundan productos milagro que te prometen bajar kilos en días, lo cual refleja nuestra holgazanería como sociedad: queremos resultados fáciles, rápidos y permanentes con una baja inversión personal.

En mis pocos momentos de objetividad y/o sensatez respecto a mi peso, sé que trago mucho y (a veces) me preocupo, pero también sé que hago mucho ejercicio, así que mi físico se lo debo a correr, nadar, la bici fija y bailar. Ciertamente me llevo muchas horas haciéndolo, pero vale la pena, porque puedo llevar mi estilo de vida con las comilonas que doy y aún estar en forma. Vale la pena porque me gusto, me ahorro burlas y toda la agresividad o violencia moral de las que son víctimas la gente obesa.

23 de Octubre del 2011

¿Acaso sólo importa la belleza física?

Gran parte de mi vida fui feo, y no quiero decir que me haya operado para dejar de serlo, simplemente lo era porque así me sentía, ya que así lo había decidido con pasión y vehemencia; esa actitud permeó en mi existencia y, como además era gordo, difícilmente podía considerar que mi ser tuviera algo bonito o atractivo. Después de muchas vivencias, aprendí que todo radica en la actitud, esto obviando que hay gente más simétrica, atlética y (universalmente) aceptada que otra, en realidad lo bello está en los ojos de quién lo mire.

Independientemente del físico, la postura ante la vida influye decisivamente en el atractivo de alguien. A lo largo de los años he visto mujeres muy guapas que pasan desapercibidas por el resto, ya que tienen un lenguaje corporal tan timorato que nadie voltea a verlas. Igualmente he visto algunas otras que no son la maravilla pero que tienen una energía tan segura y fuerte, tipo "el mundo no me merece", que es imposible no notarlas sólo por esa misma pose de "perdonavidas", es por eso que ellas mismas se creen que están muy bien y uno se las compra.

Hay muchas mujeres que TODO el mundo encuentra irresistibles y que no me llaman la atención y al contrario, a veces encuentro interesantes a las que nadie más gusta. Una posibilidad es que tenga mal gusto y otra es que decido mis propios cánones de belleza y no los que me dictan la sociedad o las revistas de espectáculos, como la mayoría sí lo hace. Afortunadamente, al tener gustos muy propios, las esqueléticas no figuran en mis predilecciones, por lo mismo me parece increíble cuando un esqueleto viviente pasa frente a alguno de mis compañeros y dicen "Mírala, ¡está buenísima!" Yo me quedo con cara de "¿Perdón?" y respondo "Mejor dale algo para que coma la pobre".

Me resulta tonto que féminas que parecen niñas, por lo enclenques que están, atraigan más atención que las que poseen curvas bien formadas y con "carne que agarrar". Estas últimas, que encuentro 100 veces más atractivas, se consideran a sí mismas gordas y se medio matan de hambre o haciendo ejercicio para ser esqueléticas, algo que nunca lograran, porque su complexión se los

va a impedir y, sin embargo, no desisten en su lucha por ser lo que
no son.

Algo es innegable: la belleza (de cualquier tipo) no puede
existir en un ser que no se quiere a sí mismo. En nuestra cultura el
quererse a uno mismo es malo, se le tacha a uno de egocéntrico,
narcisista y pedante; como está mal quererse, es fácil descuidarse y
ser feo por lo que, paradójicamente, el serlo en automático nos
asegura la lastima de los demás y ahora somos "buenos", y todos los
bonitos, guapas, atractivos son gente "exitosa" y por ende son los
"malos" y como ellos tienen todo y nosotros nada, sólo nos queda
decir somos feos pero somos buenos (porque sufrimos)

Uno debe ser bello para sí mismo, lo malo es que la opinión
de los demás pesa más que la nuestra, lo cual demuestra que, aunque
seamos atractivos por fuera, no nos queremos por dentro. Por
ejemplo, ayer no me ejercité, me pregunté ¿Para qué? ¿Para quién? Y
por primera vez no bastaron las clásicas respuestas: "Para ti, tu salud
e imagen". Así que, a pesar de tener todos los factores propicios para
correr, no lo hice al no tener una razón válida para hacerlo.

Me alegró mucho tomar esa decisión, porque si lo hubiese
hecho sólo por los demás, hubiera sido muy triste. Hay ocasiones en
que se debe escuchar al cuerpo, que es parte integral de nuestro ser;
de igual manera hay veces en donde uno quiere "portarse mal" y
darse un lujo sólo por apapacharnos. Obviamente uno no puede estar
holgazaneando o tragando porquerías todo el tiempo, pero también es
bueno, eventualmente consentirnos porque, si no lo hacemos
nosotros mismos, ¿cómo queremos que lo hagan los demás?

Ni tanto que queme al santo ni tanto que no lo alumbre. Toda
la gente es distinta, no todos somos fuertes o guapos, ni altas y
bellas, lo que sí podemos demostrar es ese cuidado por uno, sin caer
en la veneración al cuerpo. El amor propio que tengas se nota de
inmediato ya que, no serás la persona más guapa de la existencia
pero, sí puedes ser la versión más hermosa de tu ser, incluyendo un
bello interior, que hace que tu atractivo sea aún mayor e integral. Las
bellezas huecas son como muñequitas o muñequitos, los cuales
nunca tomas en serio y sólo utilizas para entretenerte.

Aunque el tema ya lo traté en "Mis Corbatas", obviamente lo valioso de alguien es lo interno, pero a nadie le molesta un exterior agradable o bello; tal vez no sea políticamente correcto decirlo, pero no por ello deja de ser cierto: a todo el mundo le gusta una persona atractiva (cada cual en el género de su preferencia). Como a todos nos agrada ser vistos y, en cierta manera, aceptados, nos vemos obligados a dar nuestra mejor versión (a veces con contenido, a veces una belleza hueca). Sería muy bueno que pusiéramos ese mismo ahínco en desarrollar esa mejor versión de nosotros no sólo en apariencia sino también en esencia.

Primero prodigamos la apariencia antes que lo interno y, cuando nos acordamos, algunos nos desarrollamos de fondo aunque a la mayoría no le interese hacerlo (échense un clavado al Facebook y van a ver la cantidad de basura hueca que se postea como ejemplo de lo que digo). La búsqueda del atractivo físico per se es inútil, ya que nos convierte en maniquíes vivientes. Ciertamente todos queremos ser bellos, pero no todos logramos tener materia, fibra, esencia, ideas, valores, principios, un fondo interesante. Es muy lindo encontrar "gente bonita" pero, eventualmente, esa belleza no alcanza (por lo menos para mí) para llenar una relación ya sea amistosa o sentimental. Lo triste es que una gran cantidad busca "una vieja bien buena" o un "tipo bien mamado y guapo".

De acuerdo a tus prioridades será lo que recibas en el futuro: si lo que quieres es una persona atractiva, sin importar la esencia, la obtendrás pero (inevitablemente) el físico se acaba y sólo queda lo de adentro. Aunque se cambie de "modelo" constantemente el resultado será el mismo: la belleza física tiene fecha de caducidad, la propia incluida. Ahora, como ya escribí antes, hay mucha gente que vale la pena pero que no nos damos oportunidad de conocer por el físico o, por lo menos, que se note algo de interés en cuidar su apariencia.

Regresando al famoso Facebook, es un ejemplo perfecto para demostrar las discriminaciones que se hacen de acuerdo a la apariencia. Tomándome como ejemplo, de vez en cuando, recibo solicitudes de amistad de personas desconocidas. Mi criterio es el siguiente: si son hombres "rechazados en automático", si son mujeres "puedo analizar el caso", si no me gustan "rechazadas" y si están guapas o tienen potencial "aceptadas". ¿Es esto correcto? ¡Claro que no! He intentado evitarlo y, antes de rechazarlas, les envío un mensaje preguntado el motivo de que me agreguen, como no responden, pues no las acepto. Aunque claro que no les envío el mismo mensaje a las chicas guapas que acepto sin chistar. Este ejemplo mío que, tristemente, es más la regla que la excepción, nos indica lo valioso que resulta la imagen en un mundo tan visual.

La belleza es relativa y lo ejemplifico de la siguiente manera: todos recordamos nuestros primeros días en alguna escuela, en algún trabajo, en un nuevo vecindario o en cualquier etapa nueva en nuestra vida; también han de recordar la impresión inicial que tuvieron respecto a muchas de esas personas, que veían por primera vez. Seguramente muchas de ellas no les llamaban la atención pero, con la convivencia y con el paso del tiempo, de manera paulatina, las fueron conociendo, les fueron gustando y hasta se enamoraron de ellas (decía mi amigo Carlos en la Prepa: "De tanto convivir, les encuentras lo bonito").

Sobre la misma línea de análisis, en alguna ocasión tuve un curso, en el cual había tres chicas, dos de ellas sobresalían por lindo exterior y la tercera tenía lo suyo pero era totalmente opacada por las otras dos. Posteriormente, en otro curso de iguales características, me volví a encontrar con la tercera chica (la que menos llamaba la atención a comparación de las dos primeras) pero, al no tener competencia, era la más atractiva de esa segunda ocasión y hasta me empezó a gustar.

Todo esto de la belleza o el atractivo de las personas es totalmente subjetivo y está muy basado en la abundancia o carencia de ciertas cualidades. En los países en donde hay más morenos, la gente de raza blanca llama más la atención y viceversa, los de piel morena tenemos más éxito en países con población predominantemente blanca. Esto lo viví en carne propia durante mi viaje por Alemania. Actualmente me cuido lo que nunca en mi vida, pero reconozco que no soy ningún modelo, sin embargo, dadas mis características físicas, me sentí todo un Latin Lover en tierras teutonas, ya que la atención de las mujeres era excesiva e insistente, pero nunca agresiva o negativa.

En México, cuando viene alguna alemana o gringa, de inmediato atrae todas las miradas masculinas, porque aquí no abundan las mujeres con esas características. Por otro lado, en el trabajo nos sorprende que muchos alemanes (no todos) se relacionen con chicas cuyos rasgos autóctonos son bastante notorios y, por mucho, no son de las más apreciadas en nuestro país, pero ¿qué pasa? Pues que en Alemania ya se cansaron de tener tanta mujer con facciones arias y cuando ven algo distinto, como nuestras "flores del ejido", de inmediato quedan prendados de ellas (también aclaro que hay quienes tienen un gusto más refinado al elegirlas).

El caso es que, por naturaleza humana, siempre vamos a desear lo que más escaso sea en nuestro medio. En la edad media la obesidad era un signo inequívoco de atractivo, ya que tenías suficientes recursos para comer, por lo que eras una persona pudiente. Irónicamente, esas chicas flaquitas (que hoy son Top Models) no eran mínimamente vistas por el grueso de la población. En China, en donde gran parte de la población es esbelta, ocurre un fenómeno similar, los hombres llenitos son los cotizados. Mi (ahora) jefe me comentaba que, en su viaje por aquél país, él era todo un Sex Simbol, porque estaba gordito y chaparrito, y es que a las chinitas les parecen irresistibles ese tipo de hombres, porque quiere decir que tienen los medios para comer en abundancia, lo cual demuestra su status social.

Hablando de un libro famoso, la gran mayoría de las personas toman una postura intolerante ante la decisión de Dorian Gray, en la obra maestra de Oscar Wilde, al vender su alma al diablo por obtener juventud y hermosura eterna. Sin embargo, no me cabe la menor duda, un gran porcentaje de la humanidad tomaría la misma decisión si se les presentara la oportunidad; dicha afirmación la baso en esas actitudes tan irresponsables que tomamos por satisfacer nuestra vanidad, y es que hacemos lo que sea por estar delgados, evitar arrugas, aparentar menos edad y demás aspectos estéticos.

¿Cuántos productos milagrosos o dietas extremas somos capaces de aguantar? ¿Hasta dónde podemos llegar en nuestro afán de belleza? ¿Es posible que pongamos en riesgo nuestra salud (mental, física y emocional), nuestra estabilidad, nuestra economía y hasta nuestra vida por una apariencia con fecha de caducidad? Esta egolatría enfermiza que caracteriza a la raza humana nos empuja a eso y más.

No me atrevo a calcular el porcentaje de la humanidad que vendería su alma por mantenerse jóvenes y bellos, y es más grave aún, yo mismo no puedo afirmar o negar si pagaría dicho precio. Tal vez, para verme bien ante ustedes, podría dar un "No" tajante pero, ese tipo de situaciones, no pueden ser contestadas hasta que las experimentas en carne propia.

Tanto la riqueza como la belleza son una simple actitud existencial, porque si dependes de los demás para validar tu atractivo o tu abundancia, siempre vas a encontrar a alguien que te diga lo contrario. Cuando uno está convencido de lo que es o de lo que tiene, ninguna crítica adversa te hará desistir de tu opinión.

Todo esto forma parte de un problema más profundo, ya que la obsesión particular o general por ser bellos no es lo peor del asunto, lo grave radica en que lo motiva un mundo que califica sobre todas las cosas lo superficial y/o estético sobre cualquier otro rubro (a excepción del dinero, que es el máximo y más efectivo "embellecedor" del mundo actual).

Un último comentario: no es lo mismo verse bellos que serlo realmente.

26 de Octubre del 2011

Belleza, ¿la llave a la felicidad?

Nota Aclaratoria: ¿Por qué dos escritos del mismo tema de manera consecutiva? En primer lugar, porque pasó año y medio entre ambos y, en segundo lugar, porque éste tuvo un toque más violento y auténtico, ya que fue publicado en un blog clandestino, mismo que tuve en su momento para escribir con menos censura

Hay un dicho diseñado para alegrar a la gente poco atractiva: "La suerte de la fea, la bonita la desea". En realidad, dicha frase fue diseñada para mitigar la desfortuna de los feos, algo así como la estupidez de que sólo los pobres son los únicos que van a entrar al cielo (Una auténtica tontería que sirve para tener sometidos a una bola de ignorantes, por parte de los círculos del poder).

El dicho en realidad debería decir "La suerte de la fea, a la bonita le vale madres" y es que la agraciada físicamente, por lo mismo, tiene todas las ventajas que una sociedad superficial le prodiga día a día. Así que a la fea le queda el consuelo de su hipotética suerte, que no es tal, más bien es la recompensa que generan las bonitas con su misma actitud, pero eso lo explicaré más adelante.

Vivimos en un mundo estúpidamente superficial, mismo que nos hace desear (tanto tener como ser) personas estéticamente bellas, o lo que nos venden como tales. Creo que todos sabemos que la belleza NO es la llave a la felicidad, entonces, ¿por qué la buscamos tan fervientemente?

Un comportamiento generalizado, no son todos pero sí la mayoría, cuando alguien tiene un atractivo físico sobresaliente, es tratado de una manera privilegiada a comparación del resto de primates. Por dicho privilegio en el trato, es difícil que esa persona se preocupe por desarrollar algo de contenido en su ser, y es factible que cuide más ese físico que tantos beneficios le acarrea.

El poder, en cualquier de sus formas, acaba corrompiendo al ser humano, y la belleza es poderosa, ya que te devora, te vuelves ella y, de pronto, es vital para tu existencia; quién no se va a sentir halagado si todo el tiempo andan flirteando contigo, ves las miradas de lujuria, anhelo o deseo que provocas y es muy fácil embriagarte de esa atención.

Me doy cuenta que estos anhelos han permeado profundamente en nuestros inconscientes. Por ejemplo, cuando voy corriendo por la calle, y me encuentro con anuncios espectaculares con una mujer bien sabrosa, invariablemente veo su figura, su abdomen perfecto y sus piernas firmes; en automático el ritmo en mi paso se incrementa y un pensamiento surge en mi mente "Debo hacer más ejercicio, para ponerme súper atractivo y poder acceder a alguna así de buena". Lo mismo pasa cuando hago bici fija, mientras veo vídeos musicales: si el vídeo es de alguien como Beyoncé o Rihanna, de inmediato aumento el ritmo, por esa necesidad inconsciente de que necesito estar bien mamado para acceder a féminas con ese físico (es eso o tener mucho dinero).

A pesar de estar tantos años solo, tengo ciertas mujeres que me pretenden, algunas de las cuales valen mucho la pena, ya que poseen cualidades impresionantes. Obviamente también tienen sus atractivos físicos pero, ciertamente, no los más sobresalientes, por lo que no son ni las más bellas ni las más buenas, hablando sólo de físicos. Viéndolo como una inversión a largo plazo, a todos se nos va a acabar la juventud, se marchitará esa belleza externa, por lo que solo quedará la interna, los que nos hayamos dedicado a cultivar una. A pesar de ello, y contrario a lo que el sentido común dicta, cuando veo a una bien sabrosa me digo a mí mismo: "¡Maldita sea! ¡Merezco una así de buena!". Este comportamiento resulta totalmente estúpido, ya que tengo consciente que dicho físico tiene fecha de caducidad.

A los que nacimos menos agraciados, nos vemos en la necesidad de cultivar otras características y tratar de "echarnos ganitas" para no vernos tan feos. Por tal motivo, cuando uno está con una mujer súper atractiva y otra que está más "normalita", de inmediato se nota la diferencia de actitud, ya que la menos guapa se muestra más "agradecida" en su trato y más agradable que la otra que se cree Miss Universo.

Ésa es la ventaja de relacionarse con una mujer cuya belleza interna es mayor que la externa: los chances de lograr una relación exitosa son mayores, ya que ellas se saben (por lo menos en el inconsciente) que no son las más bellas, por lo que te agradecen que estés a su lado y, por lo mismo, la relación tiende a ser más productiva y civilizada, esto debido a la lealtad que se suele generar. La diferencia con las otras, es que te relacionas con un ego en dos patas que cree merecer todo y no tiene por qué ceder nada, producto de los privilegios que ha recibido gracias a su apariencia.

Haciendo una analogía de lo anterior, vamos a tomar a los perros: no debe haber can más leal que el que recoges de la calle; de alguna manera saben que no son privilegiados, por lo que tener un amo es mucho más de lo que alguna vez soñaron. Los de raza también son leales, pero nunca entenderán el amor que profesa el callejero, ya que no experimentaron ese anhelo ni el dolor de ser rechazado desde el momento de su nacimiento. Así pasa con las personas más feas: el esfuerzo para estar a su lado es mayor (cualquiera se fija en alguien bello, pero no cualquiera se relaciona con alguien feo), así que lo agradecen. Tal vez no sea muy popular comparar personas con perros y, tienen razón, los pobres canes no merecen ser igualados con seres tan ruines y despreciables como los humanos.

Sin embargo, el humano es muy visual y, por ende, le da mucho valor al físico. Si te ponen a una mujer estándar en lo físico y sobresaliente en lo personal, junto a una con un cuerpo y caras espectaculares, pero sin esencia que valga la pena ¿A quién creen que acaba uno escogiendo? Creo que el 98% de los hombres ni voltearían a ver a la menos agraciada. Pero ese mismo 98% es el porcentaje de que dicha relación fracase, ¡y lo sabemos!, pero por la pinche calentura, el maldito status, el omnipotente ego, es muy factible que uno acabe eligiendo a la más sabrosa de sus opciones.

El mundo, no abiertamente pero sí implícitamente, ha fijado unos status de belleza que acaban siendo una enorme trampa, tanto para los que la buscan como para los que la cultivan en su físico, porque nada dura para siempre, y decidimos en un momento por el resto de nuestra existencia.

Quién se sabe bella debe tener mucho cuidado, porque es fácil dejarse llevar por toda esa atención y trato preferente, lo cual se tatúa desde la adolescencia (Edad en la que buscamos identidad). Por lo mismo, cuando la belleza se va desvaneciendo, la identidad de su otrora poseedora entra en crisis, porque ya no tiene el mismo atractivo de antes y (con justa razón) siente que ya no vale para nada. Eso pasa cuando pones todos los huevos en una canasta temporal, en lugar de equilibrar, por ello se deprimen al llegar a edades maduras y no es raro que algunas incluso se suiciden al ya no encontrarle sentido a la vida.

La programación se da por todos los medios: los comerciales, los vídeos, las películas, los noticieros, las revistas, las edecanes, las artistas, las cantantes y casi toda Barbie (o Ken) que sale en un medio público, suelen ser personas con un alto atractivo. Gracias a toda esa sobreexposición, tenemos bien arraigado en el inconsciente "Tengo que estar delgado, tengo que estar mamado, tengo que estar bien bueno, tengo que sacarme el mejor partido posible para que el mundo me quiera"

Muchos dicen que sólo es una práctica femenina pero, hay una edad, en que los hombres también empezamos a escoger a nuestra pareja como una inversión a largo plazo. Algo que he aprendido es que las que están bien buenas de forma natural, en un futuro van a "desparramarse" y casi todas serán unas marranas pasando los 40. Si la belleza está basada en un ejercicio y alimentación disciplinada, será más perdurable. Si es cuestión de genética, y no tienen hábitos saludables, tarde o temprano la vencerá el tiempo.

Recuerdo que tenía compañeras en Secundaria que eran las reinas de la escuela, ya que estaban que se caían de buenas. Ya para la Universidad, esas mismas chicas eran las regordetas de sus respectivas carreras, porque creyeron (ilusamente) que su "buenez" era eterna, por lo que no se preocuparon en cuidarse. Lo mismo pasa con las que están muy sabrosas en sus 20's o sus 30's, cuando llegan a los 40's ó 50's, la vida les hará pagar si fueron negligentes con su cuidado.

Sobre el mismo tema, se dice que si quieres saber cómo va a ser tu mujer en un futuro, primero le eches un vistazo a su madre, misma que suele ser un fiel reflejo de lo que le depara el destino genético para la hija.

Por lo mismo me he vuelto un observador cínico. Nunca me atrajeron las mujeres delgadas pero, con el tiempo, me he dado cuenta del potencial que tienen. Aclaro que no me refiero a las modelos esqueléticas que promocionan en revistas, me refiero a una mujer con carne, cuya delgadez es natural y estética, nada forzada ni desagradable. Cuando las veo empiezo a notar el potencial futuro, esto lo he visto con algunas de dicha complexión que, después de casarse y tener hijos, se ponen mucho mejor de lo que estaban en su juventud. Cuando empiezan a madurar, lo hacen con gracia, y cuando se llenan de "carnes" les asienta muy bien.

No niego que mi postura es muy culera, fría y cruel, como si estuviera comprando ganado. También se dice que no es buena idea escoger con la cabeza lo que se debe escoger con el corazón. Personalmente, he llegado a un punto en donde no busco al amor de mi vida, no quiero perder la cabeza y averiguar lo que pasó años después de la separación. Quiero darme cuenta de lo que está pasando con mi relación, ya no quiero idealizarla, prefiero conocerla y aceptarla tal cual, para no llevarme dolorosos desengaños. Ahora busco a la mujer adecuada, ya no a la perfecta.

Cuando digo mujer adecuada, es que también estoy considerando la educación, valores, principios, formas de pensar, personalidad, creencias, costumbres, inteligencia (tanto cognitiva como emocional), madurez y demás. Cuando una de mis candidatas ya pasó todos esos filtros, es cuando me pongo a analizar el físico, así que soy culero, pero creo que mi postura es inteligente. Por eso que ya no suelo abordar a mujeres excesivamente atractivas, ya que muchas de ellas están huecas, y no vale la pena desperdiciar mi tiempo, dinero y energías en alguien que no tiene mucho que aportarme, más allá del deseo o lujuria.

Vivimos en un mundo ridículo que nos pide imposibles, ¿Cuántas personas pueden constantemente tener un cuerpazo? El tiempo en el gimnasio es demasiado, sin contar el dinero, por tal motivo muchos de esos cuerpos vienen acompañados de una cabeza hueca, porque se la pasan intensamente rindiéndole tributo al físico que no queda espacio para dedicar a otras actividades, sólo para ejercitarse y verse al espejo, para que vean lo apetecibles que se han puesto.

Creo que tengo mala suerte porque, donde vivo, escasea la gente atractiva. Por ejemplo, cuando viajo (ya sea dentro o fuera de mi país) veo mujeres despampanantes por doquier y me recrimino por mi lugar de residencia. Cuando regreso, veo la realidad estética de donde vivo, donde la mayoría de la gente es fea (por dentro y por fuera) pero, con el paso del tiempo, te acostumbras a ellas y les empiezas a encontrar lo bonito.

Ahí te das cuenta que la belleza es un hecho meramente subjetivo, ya que una misma persona puede ser muy codiciada o totalmente ignorada de acuerdo al ambiente en donde la pongas. No soy un espécimen especialmente atractivo en mi entorno pero, cuando he ido en donde la mayoría es gente rubia, de pronto me convierto en un tipo "exótico" que atrae todas las miradas. Definitivamente, la ley de la oferta y la demanda tiene mucho que ver con el atractivo que uno tiene o deja de tener.

Esos estereotipos, que nos enjaretan por todos los medios posibles, con personas excepcionalmente atractivas, ¿cuántas de ellas hay en nuestro entorno? Muy pocas, lo cual resulta ridículo, porque la amplia mayoría de la población (por lo menos un 65%) tenemos físicos promedio, pero todos están en la búsqueda de ser unos Adonis o unas Venus, lo cual trae una frustración generalizada, al no poder ser lo que los demás les dictan que sean o tener a quien les enseñaron a desear.

El rechazo del que somos merecedores, al intentar relacionarnos con una mujer buenísima, es palpable. Se dice que el problema de encontrar a la mujer perfecta es que ella va a estar en busca del hombre perfecto. Obviamente una que resalta en su físico, tiende a buscar a uno con el mismo nivel de atractivo o, en su defecto, que tenga suficiente dinero como para que ignore su aspecto. Volvemos a lo mismo, ¿Cuántos tienen fortunas? Muy pocos. En resumen, para tener una mujer buenísima debes estar igual o tener un chorro de plata, cosas que no están alcance del grueso de la población.

Por todo esto, muchos acaban relacionándose más por conformismo que por convencimiento, obviamente estamos hablando de una edad en donde la apariencia pesa más que la esencia, donde la superficialidad está muy presente, donde se le da más valor a lo externo y se tiende a ignorar lo interno. Cuando la gente va creciendo y, a veces, madurando, va encontrando características más valiosas; ahí es cuando empiezan a nivelarse las cosas, ya que muchos de los que fueron rechazados en su momento, se cultivaron en otros aspectos (leer, escribir, cocinar, bailar o alguna otra virtud) y eso mismo empieza a formar parte del atractivo.

Conforme pasa el tiempo, sobre todo después de los 30, uno se empieza a tornar más selectivo pero tiende a ser menos atractivo. Es cuando las mamonas, con una actitud de perdonavidas en la Prepa, Universidad y el inicio de la vida laboral, empiezan a ser un poquito más humildes (a excepción de las que encontraron un esposo millonario que les gastará lo que ellas creen merecer).

Muchas mujeres, sabiéndose sabrosas y guapas, se dan su paquete "Merezco un tipo VIP, alguien a mi nivel, que me gaste, que me lleve de viaje, a buenos restaurantes, que me compre cosas bonitas". Y lo acaban consiguiendo, porque hay mucho fantoche que se cree mucho por tener dinero y, también, busca una mujer llamativa que lo adorne. Al inicio la fémina lo disfruta a lo grande pero, con el tiempo, lo puede lamentar.

¿Por qué lo podrían lamentar? Por simple lógica. Si alguien se relaciona contigo por tu físico, cuando éste se acabe, ¿qué lo va a atar a ti? Obviamente esos tipos, que les alcanzó para "comprarse" una muñequita, saben que su dinero puede darles un modelito más joven. Es cuando la primera mujer, la que se prostituyó al vender su alma por lujos, se tiene que hacer de la vista gorda y soportar muchas faltas de respeto.

Pero no pueden ser consideradas víctimas, ya que ellas mismas cavaron su tumba: al dedicarse a ser consentida por su apariencia desde pequeña, nunca tuvo la necesidad de ver por sí misma. Ahora que ya no es la más bella del Reino, tiene que seguir sacrificando su dignidad para mantener su status en su jaula de oro.

No toda la culpa es de las muñequitas que se venden por unas cuantas monedas, también es culpa de los progenitores que les enseñaron a sobresalir por sus atributos corporales. Abierta o veladamente, los padres nos dan su aprobación a las probables parejas, al ver su potencial económico, su belleza física y, a veces, su educación y calidad moral. A muchos se les prohíbe relacionarse con alguien más feo o más pobre. Se les dice que se deben relacionar con alguien del mismo status o mejor, siempre dándole prioridad a lo físico, lo económico y las relaciones que tenga el (o la) pretendiente, dejando atrás la inteligencia, la educación, los valores y los principios (conceptos que cada vez se tornan más utópicos en este mundo de mierda).

La sociedad, a través de los padres, te van adoctrinando para que no te vayas a "malbaratar", que pidas el justo valor por tus virtudes, lo malo es que por virtudes sólo toman lo que va a caducar primero, en lugar de promover las que duran hasta el final de nuestros días.

Para finalizar, tengo la total certeza que todos en esta vida recibimos exactamente lo que merecemos, ni más ni menos, lo malo es que uno relaciona eso en automático con la cantidad de dinero obtenida. Al final, todos tenemos el producto de lo que hemos trabajado o negociado. Creo que si hacemos un ejercicio honesto, objetivo y concienzudo de nuestras vidas, verán que no miento. Así que mis queridas Feas, si lo quieren ver así, puede que al final si tengan "suerte" (pero no se confíen demasiado).

16 de Febrero del 2013

Prejuicios

Recibí una educación "algo" anticuada misma que, a punta de madrazos (tanto propios como ajenos), me he encargado de ir modernizando. Hay muchas creencias que aún mantengo y mi intención con este escrito es masacrarlas de una vez (las que se puedan). Esto a través del vil intelecto el cual es, en teoría, mi mejor herramienta. Sólo voy a analizar las que me vengan a la cabeza porque, si me pusiera a recopilar todos los prejuicios que tengo, creo que nunca acabaría de escribir.

Los hombres no usan colores de mujeres (rosita, moradito, violetita y demás)

Las mujeres se visten de pantalón y no hay nadie que las moleste ¿cierto? A excepción de los escoceses, no sería bien visto que el hombre vistiera de falda. La identidad sexual de una persona va más allá de su apariencia, así que podrías vestirte todo de rosita y resultar muy masculino, o vestir de traje y ser muy afeminado. Se dice que el hábito no hace al monje, sin embargo, ni así usaría esos colores.

En dónde sí he avanzado es en dejar de fastidiar a quien lo hace y es que, anteriormente, quien se atrevía a llevar una camisa moradita o rosita, se debía mentalizar para un hostigamiento por parte del resto de los hombres y de "puto" no sería bajado.

Los hombres no van a Baby Showers, las mujeres no van a despedidas de soltero.

A las Despedidas de soltero(a) sólo van los del mismo sexo que el/la festejado(a), las únicas personas que van del sexo opuesto son las que amenizan la reunión (llámense Strippers o Chippendales)

Hoy en día se empieza a dar una práctica, a mi entender, bastante nefasta. Me he enterado que ahora van parejas a eventos que eran exclusivos de un sólo sexo. Es una verdadera estupidez llevar a la pareja, ¿Qué caso tiene hacer una despedida entonces?

Tanto en hombres como en mujeres los rituales con nuestro propio género son necesarios. Es algo vital para recargarnos de nuestra energía femenina o masculina (según el caso). Si empezamos a inmiscuir al otro género en estos rituales, entonces pierden toda su razón de ser, por lo que dejan de ser divertidos y productivos. Más que una razón sexista, es una razón de sentido común.

Hay ocasiones en que los hombres necesitamos comportarnos como changos, y en la que las mujeres necesitan extirpar esas "buenas costumbres" y desinhibirse en la seguridad de su clan, hasta poder comportarse de manera frívola sin temor a ser censuradas. Para mí esos rituales son muy importantes en el sano desarrollo de las personas antes de una relación.

Recientemente, en el trabajo, nuestras compañeras organizaron una reunión para despedir a una de ellas que se iba de incapacidad por su embarazo. Nos la vendieron como una "reunión de despedida", pero al final resultó ser un Baby Shower. Cuando corroboraron el comportamiento primitivo, del que somos adeptos los hombres, se dieron cuenta que no se nos debe de invitar a los Baby Showers para mantener todo en buena lid para la festejada.

El Caballero le abre la puerta a la dama

¿Por qué? Por ser signo de galantería, o por lo menos así lo aprendí; aunque en realidad es un pequeño sometimiento de la mujer en una sociedad machista. Es como demostrar que la mujer es una inútil, misma que no se puede abrir la puerta sola, por lo que el "poderoso" hombre lo tiene que hacer.

Y no sólo yo digo esto, si conocen a mujeres europeas, mismas que tienen menos prejuicios, se ofenden si les abres la puerta, ya que se consideran iguales al hombre y no aceptan un trato preferencial sólo por su sexo.

El hombre siempre paga las cuentas

Otra auténtica idiotez con la cual fui criado, una costumbre estúpida que muchas aún quieren ejercer en estos días. Ésa es otra muestra de sometimiento del hombre a la mujer, y un acto muy cómodo de la fémina al dejarse "consentir". Si queremos igualdad en los géneros, no podemos ser selectivos al decir que unos aspectos aplican y otros no.

La mujer es una persona igual de productiva que el hombre (normalmente más), por lo que resulta retrograda que haya hombres, y aún más mujeres, que esperan que los gastos de una cita y/o relación sólo sean solventados por la parte masculina. Me parece que dicha práctica es como comprar a la mujer "en abonos".

Un hombre heterosexual no dice o admite si otro hombre está guapo

¡Eso es de gays! Las mujeres sí lo pueden hacer por dos razones: son seres más finos y delicados, además de que son más seguras de sí mismas (por lo mismo se saludan de beso sin problema alguno). A excepción de los rusos ¿Cuándo han visto a hombres heterosexuales saludarse de beso?

Ciertamente el hombre tiende a ser más rudo que la mujer, por lo que un beso entre hombres no resulta algo tan bonito de ver como uno entre mujeres (por eso me encantan las escenas lésbicas). Las mujeres son más estéticas, más bellas, más estilizadas, por lo mismo no resulta desagradable verlas saludarse de beso

Creo que por lo mismo nos resulta algo chocante ver a mujeres rudas o ver a hombres "bonitos", ya que eso atenta contra los cánones de apariencia con los que fuimos criados.

Las mujeres no deben tomar actitudes masculinas

Ciertamente no es agradable que un hombre alburee de manera intensa, diga groserías, escupa en la calle o se comporte de manera agresiva y bastante patán. Lo triste del asunto es que estas actitudes en una mujer se ven especialmente mal ¿Dónde radica la diferencia si ambos deben tener los mismos derechos?

Como lo expliqué arriba, la mujer tiende a ser más femenina, fina y estética, por lo cual resulta bastante chocante verlas con las actitudes masculinas más corrientes. Tal vez sea la falta de costumbre o la educación misma.

A las mujeres se les enseña a sentarse de manera recatada, normalmente con las piernas juntas y derechitas por el contrario, un hombre es libre de sentarse dónde y cómo le plazca. Tenemos tatuado en el inconsciente que si una mujer se sienta con las piernas abiertas de inmediato es una corriente y se está ofreciendo. ¿Por qué? ¿Desde cuándo la forma de sentarse dictamina nuestra calidad moral?

Actividades de hombres que no pueden hacer mujeres y viceversa.

¿Amos de casa? ¿Mujeres tráileras? ¿Hombres educadores de Kínder? ¿Mujeres boxeadoras? Estas opciones y muchas más son raras, pero ya se encuentran en la sociedad. Al ser un hombre latino, algo que no entraría en mi cabeza sería el ser amo de casa mientras soy mantenido por mi mujer, simplemente es algo que no embona en mi paradigma. ¿Acaso soy menos hombre por dejarme mantener? ¡Claro que no! pero no creo experimentarlo en esta vida.

Es cierto que hay cualidades que el hombre tiene más desarrolladas a comparación de la mujer y viceversa, pero el hecho de que no haya hombres haciendo cierta actividad no quiere decir que no puedan hacerla, aunque no me quiero imaginar el espectáculo de ver nado sincronizado masculino.

Aunque todos somos libres de hacer la actividad que queramos, creo que sí hay algunas que son adecuadas para uno u otro sexo. Por ejemplo, me desagrada bastante ver a dos mujeres boxeando o a alguna levantando pesas, simplemente es algo que mi vista puede captar pero que mi cerebro rechaza, y no sólo por macho, sino por ser un delito que atenta contra la esencia femenina.

Las parejas de gays (hombres) no deben criar hijos

¿Por qué aclaro que sólo me opongo a las parejas de hombres y no las de mujeres para criar hijos? Porque alrededor del mundo abundan ejemplos de madres (tanto casadas, solteras, divorciadas, viudas, en concubinato, etc.) que por su cuenta crían al chamaco, y lo hacen mucho mejor que de haber tenido a un macho al lado que sólo estorbaría. Creo que la mujer es más cuidadosa y consciente en la crianza del chamaco, tal vez por el vínculo que se genera al gestarlo en su interior.

No creo que sea buena idea que dos hombres homosexuales
críen a un hombre, en todo caso a una mujer sería mejor. El niño
recibiría el mensaje erróneo de que al crecer debe de encontrar al
"hombre de su vida" y, aunque no nazca con tendencias
homosexuales, es factible que quiera ser como sus "papás".

Muchos son los ejemplos de parejas heterosexuales que
llenan de traumas la vida del pobre engendro, al llenarlo de vivencias
que lo marcan de por vida. También es claro que las tendencias
sexuales de una persona no dictan su calidad moral. Sin embargo, no
me entra la idea en la cabeza que un par de hombres críen a bebes
suyos como si fueran pareja, me parece que la mera convivencia con
estos ya es un daño a la psique del pequeñín.

Cierre

En fin, podría seguir y seguir, y nunca voy a acabar. Los
prejuicios nacieron en el momento en que nos inventamos los
conceptos de civilidad, moral, sociedad y buenas costumbres. ¿Para
qué sirven todos estos? Sólo para crear sufrimientos.

Muchos dirán que sin reglas sociales o morales, el mundo
sería un caos lleno de gente perversa. Mi sentido común dicta que la
perversión no existía cuando vivíamos en las cavernas, ya que sólo
actuábamos para preservarnos, porque no había gente haciendo las
maldades y perversiones que se practican hoy en día o, si se hacían,
era por instinto, no con una maldad implícita.

Los prejuicios no nos hacen mejores personas, pero al juzgar
a alguien recibimos la breve ilusión de ser mejores que los demás, ya
que son "menos" perfectos que nosotros y eso nos da una sensación
de satisfacción efímera. Tal vez por ello no dejamos de hacerlo.

Nueve de Marzo del 2013

Racismo y/o discriminación

Estoy en un aeropuerto, en espera de que salga mi vuelo. Junto a mí, captó a alguien que habla de manera muy "rústica", su manera de pronunciar el español es tan burda que, en ocasiones, me parece que está hablando alguna lengua indígena.

La importancia de la raza

Al verlo con detenimiento, veo que tiene rasgos muy autóctonos y, entonces, me reconozco racista, pero no sólo con los indígenas, sino con los negros, los gringos, los chinos, los hindúes y demás. Esto es una evidencia de mi pobreza personal y espiritual, ese poco desarrollo humano que tengo por lo que no puedo negar mi racismo, elitismo y demás. ¿Y saben lo más irónico? Yo mismo soy color cartón mojado ¬_¬.

Nunca lo diría públicamente, pero me he dado cuenta que la gente negra y la gente indígena (entre otros) me incomodan. ¿Eso me hace racista? Es lo más probable. Sin embargo, hablando con amigos de toda mi confianza, me doy cuenta que no estoy solo en el tema. De hecho, aunque nadie lo admite abiertamente, la gran mayoría de mi círculo social comparte dichas aversiones (y conste que no soy blanco).

De acuerdo a Freud, me gustan las mujeres blancas porque mi madre lo es, lo cual tiene algo de lógica, porque es muy raro que me guste una morena (aunque la que me tiene ahorita enloquecido es precisamente de ese color). Tengo una amiga (blanca, por supuesto) que comparte esa discriminación conmigo, ya que ella también tiene un prejuicio contra las mujeres morenas pero no contra los hombres de dicho color. Ese prejuicio que ambos compartimos es totalmente estúpido, ya que ella es heterosexual (así que no tendría que importarle el color de la mujer) y yo soy moreno (por lo cual resulta estúpido que tenga prejuicios con personas de mi color).

Así que sólo hay dos chances: o tengo puros pinches amigos racistas (con los cuales voy a integrar una rama latina del Ku Kux Klan, lo cual es totalmente absurdo e ilógico) o, en realidad, la mayoría de los humanos somos intolerantes, racistas, elitistas, dogmáticos y toda una serie de linduras de las cuales todos renegamos mustiamente.

A los humanos no nos gusta lo desconocido, lo diferente, así que reaccionamos a ello con recelo y miedo, mismo que es el origen de la violencia (en cualquiera de sus representaciones: moral, física, social, laboral, familiar, etc.). Entre menos desarrollo personal es más fácil caer en la violencia. Todos sentimos alguna especie de rechazo al ver a alguien tan distinto y peculiar como lo es un negro, sobre todo en un país en donde casi no hay.

Cuando voy al extranjero y veo mucha gente negra, me impacta y me siento amenazado, entre más negro es el color de la piel, más impactado me siento. No los odio propiamente, no estoy proponiendo una limpieza étnica, sólo estoy expresando que no me agradan.

En mi propio país, la gente con rasgos indígenas es ampliamente discriminada. Casi no tengo contacto con negros ni indígenas y, cuando lo hago, los trato con el mismo respeto que trato a cualquiera (incluso más, para cubrir cualquier expresión inconsciente que se me pudiera escapar). Pero no voy a mentir, no me siento igual que cuando trato a otro tipo de personas; sin embargo, aunque sienta distinto, en mi educación me inculcaron la importancia del respeto, mismo que es más fuerte que mis aversiones. Sin embargo, hay una característica física sobre la cual no puedo ocultar mi desagrado.

Algo que me repugna de manera profunda son los tatuajes. Y no estoy hablando de un tatuaje pequeño, de buen gusto posicionado en alguna zona estratégica. Nope, hablo de esa gente que tiene un odio profundo a su cuerpo, por lo que se la pasa pintarrajeándolo y lacerándolo con todos los garabatos posibles. Cuando veo a alguien con una cantidad obscena de tatuajes, se me revuelve el estómago por lo que tengo que alejarme a la brevedad.

¿Gays? No, gracias.

Tal vez todos en el interior somos racistas, pero nadie lo quiere admitir públicamente porque la "intachable" sociedad se le echaría encima. Es como declararse gay, los cuales están en su derecho, pero no vamos a negar que eso es una especie de estigma social con el cual deben lidiar (antes, lo de ser gay era aún más castigado que ser racista).

Y ya que saqué el tema, aunque tengo amigos gays, cuando me entero de alguien que lo es, de inmediato uno lo trata de manera diferente. De hecho, muchas de las pláticas morbosas del trabajo, consisten en averiguar quién es gay y las evidencias que confirman dicho hecho. Así que, aunque los gays ya no son tan señalados como antes, no deja de ser incómodo tratar con uno para el paradigma propio.

Hace poco estaba planeando un viaje, para el cual estaba buscando acompañantes, invité a todo el mundo que me fue posible, a excepción de mis amigos gays, aunque la omisión fue inconsciente, la corroboré de manera consciente. Por más que no encontré gente para el viaje, ni así invité a mis amistades homosexuales, ¿Por qué? Tal vez, cómo dicen por ahí, puede que uno no esté seguro de su sexualidad, o es el simple temor de que lo vayan a atacar (como si fueran animales salvajes).

Tal vez no debería llamarlos mis amigos, ya que lo que voy a escribir es muy ruin y bajo de mi parte, pero hacia mis adentros no había otro pensamiento "No me voy a arriesgar a viajar con un gay". Igual e invito a un amigo heterosexual y al final me sale que es gay pero, en teoría, ese riesgo es menor. A pesar que la gente gay es como la heterosexual, de ambos lados hay los de alta calidad moral y personal, así como también hay escoria humana.

Más razas.

Algo que nunca he entendido, y tal vez porque nunca he conocido a un judío, es el por qué tanto antisemitismo en el mundo. Por lo poco que sé, ellos mismos se autosegregan del resto de la humanidad, al privilegiar uniones entre ellos y minimizando el contacto con las demás razas o religiones (sólo lo estrictamente necesario). Tal vez es un prejuicio heredado, pero tengo la impresión de que no son como una sociedad normal. Se cuidan mucho como judíos y hacen mucha distinción entre los judíos y los no judíos.

Esa segregación que promueven es la misma que hace que los demás los rechacen, es como si se sintieran superiores como para relacionarse con el resto de la humanidad. No puedo decir que los odio o no los odio, porque nunca he tenido contacto con su cultura. Tal vez, como en el caso de los negros, sólo me baste tratar con algunos para que nazca la aversión en mí, por el hecho de pensar distinto, tener creencias o costumbres diferentes.

Por ejemplo, las facciones de los hindúes me parecen feas además, con los pocos que he tenido contacto, he comprobado que las leyendas son ciertas: apestan horrendamente, y no sólo es la higiene, es algo muy propio de su raza, producto de su alimentación.

Otra muestra de mi pobreza personal, las negras no me parecen atractivas, a excepción de Rihanna o Beyoncé Knowles (tal vez porque no es 100% negra), tampoco me agrada la gente asiática, a excepción de los japoneses, cuya cultura es de las más atractivas que puedo encontrar, aunque no tanto sus físicos. Pero de ahí en fuera, no me interesa ningún otro país asiático, es más, tengo una especial aversión por los Chinos, los cuales, además de ser una cultura sucia y despreciable, también apestan en persona.

Más discriminaciones

Pero no todo se queda con la raza o la clase social. En el trabajo he conocido jefes que contratan personas por algunas características físicas antes que por su capacidad laboral. Por ejemplo, hay uno que es un auténtico misógino y, por increíble que parezca, sólo contrata mujeres, así puede ser abiertamente misógino con todas y ellas no notan un trato distinto entre ellas (sólo creen que su jefe es muy estricto). Por otro lado, hay una persona que es muy alta y no contrata gente chaparra ya que considera que la gente de corta estatura no es de fiar (bien se dice que en todo chaparro habita un tirano).

¿Es esto ético? ¡Claro que no! ¿Alguien lo puede impedir? ¿Cómo lo van a demostrar? Como las contrataciones son a criterio del jefe, ellos pueden argumentar que están enlistando al candidato ideal. Ya ni hablemos de los que no contratan a alguien porque es negro, está lisiado, por su religión, por obesidad o por cualquier motivo oscuro que la persona guarde en su interior y que nadie le podrá demostrar nada porque esto es cuestión de criterio.

Obviamente no es muy bonito ser discriminado de manera evidente. En una ocasión, esperando a que el semáforo marcara el "siga", vi a una persona que estaba repartiendo alguna propaganda a cada auto; al llegar a mi lugar, el muchacho apartó los folletos, me sonrió y me dijo "Buen Día Joven", pasando de largo y continuó repartiendo sus volantes a los auto de atrás. Sé que es una tontería, pero me sentí injustamente discriminado (aunque dudo que haya discriminaciones justas), así que me sentí indignado por no recibir mi propaganda, tal vez la hubiera rechazado, pero ése era mi derecho, no que alguien más me saltara por alguna extraña razón. Eso de sentirse discriminado está muy cabrón.

La razón de este texto

Todos podremos darnos golpes de pecho y subirnos a nuestro pedestal moral al criticar la esclavitud, el racismo, el holocausto judío de la segunda guerra mundial o la situación actual entre Israel y Palestina; sin embargo, TODOS tenemos los mismos sentimientos racistas hacia las culturas que consideramos diferentes (ya sean superiores o inferiores) y, si pudiéramos, nos aseguraríamos de su exclusión e incluso exterminio. Obvio nadie expresa esas ideas, porque es políticamente incorrecto pero todos las tenemos, aunque sea en el inconsciente.

Y ahí radica el porqué de este escrito, pretendo externar esos sentimientos xenofóbicos que tengo, hacerlos conscientes y admitirlos abiertamente. Gran parte de los problemas en el humano radican en sus anhelos inconscientes, esos mismos que no nos permitimos externar para mantener poses correctas y civilizadas pero, a la primera oportunidad de desahogarlas, normalmente salen con furia inusitada.

Externo estos sentimientos viles para integrarlos a mi persona y que no me tomen desprevenido el día que tenga un chance de lastimar a alguien. Sé que para muchos podrá sonar ridículo pero, si checan los anales de la historia psicológica y humana, sabrán que tengo razón.

14 de marzo del 2013

Homosexualidad

Recientemente leí en el Facebook la crítica que alguien hacía, con justa razón, a un taller de padres destinado a "prevenir" la homosexualidad en los hijos. Estoy totalmente de acuerdo que es una estupidez, porque la homosexualidad se da por nacimiento, por lo que el taller es una auténtica aberración y una muestra de ignorancia e intolerancia enorme.

Fácil juzgar cuando estás del otro lado

Comparto la crítica hacia el taller por ser tan retrograda; dicha persona tiene dos jóvenes hijos heterosexuales (o hasta el momento parecen serlo) y me pregunto, si dicho taller se hubiese impartido cuando sus hijos eran niños ¿Lo hubiera tomado?

Es muy bonito parecer radical y a la vez justo al decir "Los gays son tan humanos como nosotros y merecen el mismo trato", "La discriminación por tendencias sexuales es repugnante" y demás frases de apoyo al mundo gay, PERO es muy fácil decirlo cuando sabes que tus hijos no lo son.

Tal vez nadie lo diga tan abiertamente pero, tanto homo como heterosexuales, creo que NADIE quiere que su hijo sea gay. Diciendo las cosas como son: los homosexuales son humanos como nosotros, con los mismos derechos y obligaciones, pero no podemos negar que son una desviación de la naturaleza: El ano del hombre no está hecho para ser penetrado por el pene de otro hombre aunque, si a esas vamos, no sé si el culo femenino haya sido hecho para ser penetrado :-/

Gracias a esta afirmación habrá quién me tache de homofóbico (y no me importa), pero lo que acabo de decir no deja de ser verdad: la homosexualidad es una desviación de la naturaleza.

Es muy fácil criticar a cualquier expresión de homofobia cuando tus hijos son heterosexuales, pero cuando tienes uno que te salió así habrá distintas reacciones de los padres: estoy seguro que la mayoría los van a apoyar y los van a amar, pero siempre habrá hijos de puta que los acaben extirpándolos de su vida.

¿Tener un hijo gay?

Me parece que la gran mayoría de padres, cuando se enteran que su hijo es gay, se preguntan: "¿Pero qué demonios hice mal?", ni siquiera los padres gays se alegran que su hijo comparta su condición, ningún padre se va a alegrar que su retoño les salga "desviado".

Los mismos padres gays se entristecen porque han vivido, en carne propia, todos los prejuicios que sus engendros van a enfrentar en un mundo tan intolerante, mismos que han estado vigentes desde hace miles de años. La única diferencia es que ahora somos mustios y fingimos ser avanzados al "aceptarlos" como un miembro más de la sociedad.

Esas frases que se oyen bonitas en apoyo a los derechos de los gays, son viles mentiras, porque eso no borra la animadversión que muchos sienten en su interior hacia ellos. Obviamente tienen derecho a existir y no podemos desaparecerlos, así que hay que respetarlos como a cualquier otro semejante, pero eso no borra los sentimientos de rechazo que causan en gran parte de la población.

Es muy fácil criticar a los dogmáticos e intolerantes cuando ya tienes la seguridad que tus hijos salieron "normales". Pero si están pequeños y, por más ridículo que suene, tienes la posibilidad de apoyarlos a que no te salgan "gays", es factible que tomes el taller mencionado al inicio. Nos encanta ponernos en un papel superior, de manera hipócrita, para señalar lo intolerantes que son los demás, cuando nosotros lo somos aún más, además de estar en una posición más segura al saber que ya no saliste afectado.

Un "verdadero" hombre.

Pasemos al ámbito personal, debido a que he pasado varios años sin una relación formal, constantemente soy tachado de gay por mis compañeros de trabajo, como no me la paso fornicando los siete días de la semana, me dicen que soy un pinche puto, ya que ellos se la pasarían con una mujer diferente si se vieran en mi situación social y económica. Obviamente todas esas muestras de envidia entre líneas me son indiferentes, pero sí me demuestran el estigma tan grande que hay en esta sociedad contra los putos, ejem, los homosexuales quise decir.

Antes, cuando iniciaron estas acusaciones sobre mi identidad sexual, me lo llegué a preguntar e intenté ver a mis congéneres con otros ojos, pero en realidad me parecen bastante desagradables. Siempre he sido un "ladies' man" porque me encantan las mujeres, tanto como amigas como de manera sexual, de hecho me excita más ver a dos mujeres besándose que a una pareja heterosexual.

Fetiches aparte, a mis compañeros no les importa si ya estuve casado en una ocasión, les pesa más el hecho de que me mantenga soltero a una edad madura, que no tenga hijos y ninguna pareja que me haga la vida miserable, además de que soy solitario, no soy un patán ni un macho. Y es que ellos creen que un "verdadero" hombre debe ser promiscuo, violento vicioso y que oculte sus sentimientos.

Por todo eso soy un gran sospechoso de homosexualidad y, sin embargo, se equivocan. Hay muchos prejuicios y creencias tatuadas en la humanidad, por eso buscan cualquier desviación contra las ideas dogmáticas establecidas para "tacharte" con alguna etiqueta y así sea objeto de ataques por parte de la "intachable" sociedad.

¿Quién es gay?

Ese comportamiento lo noto en las pláticas del trabajo, en donde hay una especie de euforia por saber quién es gay. Uno siempre podrá adoptar la postura de ser civilizado y argumentar que son humanos como nosotros, con los mismos derechos y obligaciones. Teóricamente eso es cierto, pero los gays deben mantenerlo en secreto para no ser discriminados de ser contratados, para no ser excluidos de ciertos círculos sociales y hasta de que se les ceda un asiento en un lugar público.

Socialmente hay una fuerte estigmatización hacia ellos, se les señala, todos queremos saber quién es homosexual para tacharlos y sentirnos superiores a esas "aberraciones", como si fuesen los chivos expiatorios de todo lo malo que hay en el mundo. Es enfermiza la necesidad social por saber quién es gay y quién no, como saber quién es Libra, quién es gringo, quién tiene el pie plano o un tipo de sangre raro. Tal vez no sea popular, pero es una característica más del ser humano y, sin embargo, recibe demasiada atención. Aunque de dientes para fuera se diga que los gays son igual que el resto, en el inconsciente colectivo se mantiene la creencia que son humanos de menor categoría.

Por eso mismo, cuando uno escucha a alguien referirse a su compañero(a) sentimental como "mi pareja", de inmediato se prende una luz interna de alarma y es que, por ridículo que suene, NADIE dice "mi pareja" para referirse a ella. El hombre siempre tendrá mil y un formas para dirigirse a su mujer: vieja, esposa, tortura, amiga, novia, amante, peor es nada, culito, domadora, mi nalguita, la que me hace la vida de cuadritos y demás calificativos.

De igual forma las mujeres tienen un montón de formas cursis de llamar a sus hombres mismas que, por respeto a mis valores anticuados, no voy a reproducir aquí. Así que cuando usted escuche a alguien utilizar "mi pareja" para referirse a su compañero(a) sentimental, es que hay algo chueco en esa relación (ante los ojos de la reputada sociedad, claro está).

En la sociedad actual está de moda tomar una máscara de decencia, de *open mind*, de gente civilizada y avanzada, de tolerancia y demás, pero la gran mayoría es mentira. El morbo sobre el tema de la homosexualidad siempre está presente: quién es gay, quién es su pareja, cómo es su vida sentimental, su pasado, las sospechas, sus comentarios delatores, las evidencias de su doble vida y demás aspectos que se expresan en pláticas de todo tipo con la constante duda de "¿Quién es puto? ¿Quién es puto? ¿Quién es puto?" La sociedad tiene muchos prejuicios contra los pinches putos . . . ejem . . . . contra los homosexuales quise decir (¬_¬U).

Otra acción que te hace dudar de las preferencias sexuales de alguien es que siempre los ves con sus "amigos" o con sus "primos". En Cuba conocí a un amigo de Augusto, con el cual viajaba, él nos presentó a su "primo", pero ya me había dicho mi amigo que el susodicho "primo" era su amante, por lo cual les pregunté "O sea, ¿son primos y amantes? Eso sí está un poco grueso, ¿no?" pero me explicó que es una pantalla y se inventaron un lazo familiar lejano para estar todo el tiempo juntos. Qué tristeza que debas inventarte pretextos para estar con tu novio, todo bajo la máscara del amigo, del primo, del asistente y demás disfraces sociales para que puedan estar juntos.

Mis familiares homosexuales

En mi niñez conocí a tres tíos homosexuales, algunos más cercanos que otros y ya sólo quedan vivos dos de ellos. El más cercano nos visitaba con relativa frecuencia, a pesar de que era más joven que mi madre, era su tío. Él llevaba a su "amigo" a todas las fiestas que teníamos, los traté entre los 6 y 15 años y nunca vi algo "malo" en ellos. Al inicio se me hacía chistoso que siempre trajera a su amigo, pero nunca hice mayor cuestionamiento.

Alrededor de los 10 años ya me parecía sospechoso que siempre trajera a su amigo a la casa y me empezaba a cuestionar porque nuestros demás invitados siempre venían con su familia, sus parejas o hasta solos, pero él era el único que siempre traía a su amigo. Con mi lógica infantil pensaba "Tengo amigos que me caen muy bien, ¡pero no los llevo a todos lados! ¡Qué hueva!" Y aun así no le veía nada negativo, sólo me parecía muy curiosa su situación.

Con el tiempo supe la verdad y empecé a comprender muchas cosas, pero eso nunca disminuyó el cariño que le tenía a mi tío y hasta a su amigo, porque ya tenían una identidad definida para mí, sabía que eran buenas personas, así que no me importaba que fuesen gays. Y ahí surge un gran problema de la sociedad, porque somos tan chismosos que primero nos enteramos que alguien es gay antes de siquiera conocerlo y ya lo estigmatizamos con todos esos prejuicios que traemos por programación social.

Afortunadamente mi tío se desenvolvía de manera natural, como si no le debiera nada al mundo, sin culpa alguna (como debe de ser), algo que no se podía decir de mi "tiastro" el hermano menor de mi padrastro. Pero eso era natural, ya que la familia de la cual surgió mi padrastro es bastante primitiva, llena de todos los defectos endémicos sociales que sean posibles, personas muy poco desarrolladas y, para desgracia del menor, a él le toco nacer en ese nido de despreciables ratas.

Su homosexualidad era un secreto a voces, todos sabían que era gay, pero nadie se atrevía a decirlo de manera abierta, como si fuera una grave mancha a la imagen de tan "honorable" familia. Por lo menos la familia de mi madre era más abierta, honesta y cariñosa, por eso mi otro tío podía ser él con sus seres queridos y no sentirse culpable por quién era.

También de la familia de mi madre, había otro tío lejano (el cual murió después de contraer Sida), pero ése si era putísimo, aunque nunca llevaba sus "amigos" a la casa, a ése sí lo caché a las primeras de cambio, ya que era más femenino que mi propia madre. Y a pesar de ello, nunca le vi nada de malo a su forma de ser, siempre lo vi chistoso, muy elegante, soberbio y gallardo, además de que siempre me trataba bien al darme golosinas y/o dinero.

Creo que esa percepción que tuve de niño es la que deberíamos tener como adultos: son humanos y ya, no hay nada de malo con ellos. Pero siempre aprendemos esas actitudes morbosas de "¡Uy! ¡Le gusta algo diferente que a nosotros!" o "¡Vive en pecado! Fuera de la naturaleza y a lo que 'debe' de ser a lo socialmente aceptado". Esas actitudes hablan más del que las expresa que del que las recibe.

Para cerrar con el ámbito familiar, a mis medios hermanos paternos casi no los veo. Recientemente los fui a visitar para enterarme que el varón era Gay. Obviamente sentí un shock inicial, pero nada que resultara dramático. Mi hermano normalmente era bastante promiscuo, con varias novias al mismo tiempo, así de que ahora fuese gay era algo que no me cuadraba del todo.

Sin embargo platicamos ampliamente del tema y creo que ambos quedamos muy conformes. En ningún momento lo hice menos ni cuestioné su decisión, simplemente planteé mis dudas sobre su vida social anterior y él me contestó "Siempre he sido gay, pero salía con muchas mujeres en el afán de 'curarme' (hecho que realmente no fue posible)".

Aunque, mi teoría, que sólo estoy expresando en este texto, es que se hizo "gay" adrede porque estaba de moda en su círculo social, además de que jodía con saña a mi papá biológico, que era su deporte familiar. Pero, como no es mi vida, ni mi culo, pues cada quien que haga con su existencia un papalote.

Simples seres humanos

El hecho de calificarlos como "ellos" para los homosexuales y "nosotros" para los heterosexuales, es una evidencia inequívoca de que no han sido aceptados de manera honesta en nuestras sociedades.

De acuerdo a los últimos censos, la población homosexual representa el 8% de la población mundial, por lo mismo sus círculos tienden a ser muy reducidos así que, ante la falta de variedad, tienden a ser muy promiscuos entre ellos y a meterse unos con otros. Mis amigos gays me explican esta situación de la siguiente manera: "Toma la calentura de un hombre con las hormonas de una mujer y como resultado obtienes un ser bastante cogelón". Viéndolo así, su situación sí está muy cabrona.

Como han leído a lo largo del texto, puedo ser tachado de homofóbico o puedo ser calificado como simpatizante de los Gays. No voy a negar que formo parte del cotilleo al momento de buscar gays en la oficina (cual vil cacería de brujas) pero, como mencioné en el ensayo de racismo y elitismo, mi educación me impide tratar mal a una persona debido a sus creencias, preferencias, raza y demás (las trato mal por su estupidez, sin importar sus características personales). Mi escrito no cambia nada del mundo gay, sólo me sirve para desahogar lo que pienso sin tomar alguna postura.

Falso sería de mi parte ponerme la etiqueta de defensor de los Gays, porque no me queda ni a gusto me sentiría, pero eso no quiere decir que forzosamente sea su detractor. Ciertamente, a lo largo de este texto, he atacado algunos de sus aspectos pero no es personal. No los ataco por ser gays, los ataco por ser humanos, así como lo hago con los gringos, con los negros, con la gente estúpida, con la gente programada, con la gente fantoche, con mi exbrujer, con mi familia, conmigo y con todo aquel homínido que se me ponga enfrente. No tengo un prejuicio marcado contra los gays, tengo prejuicios contra TODO el mundo lo cual, como mencioné en otra ocasión, habla más de mí que de los que critico.

28 de Marzo del 2013

Máscaras de igualdad

TODOS desarrollamos una máscara social, con ella somos dados a ser humildes, amables, reservados en nuestros comentarios y nos comportamos de manera políticamente correcta, esto para encajar en una sociedad tan pulcra e intachable como la nuestra (¡Ay! ¡Ajá!).

Quitándome esa máscara, voy a decir algo que siempre he creído: me considero superior a la mayoría de la humanidad, me percibo como un ser más desarrollado, más culto, más trabajado, más consciente, inteligente y moral.

Sé que estas expresiones de superioridad son el fiel reflejo de un complejo de inferioridad, porque también tengo mucho miedo: de relacionarme, de intentar cosas nuevas, de realizar tareas comunes y burdas que, para esos seres a los que califico de infradesarrollados, resultan muy fáciles.

Admito ambos complejos (superioridad e inferioridad) y, al ser consciente de ambos, vuelvo a caer en la trampa de sentirme superior al resto, lo cual es un círculo vicioso sin fin.

Hubo una época en que fantaseaba en que el humano promedio tenía mis cualidades: mi educación, inteligencia, espiritualidad, actividad física, laboral, ideas políticas, valores ecológicos, clase social, calidad moral, etc. Si eso se diera, honestamente, éste sería un gran planeta para vivir y los problemas de la humanidad disminuirían a lo mínimo. Pero, cuando me di cuenta de lo que implicaba mi propuesta me retracté con el siguiente pensamiento: "¡ni madres! Porque si se da eso, yo sería standard. Mejor que la humanidad siga en el hoyo". Eso demuestra mi egoísmo y/o egolatría, porque prefiero seguir siendo especial en un mundo de infradesarrollado que ser ordinario en un mundo de alta calidad,

Fantasías megalómanas aparte, nunca podremos desprendernos del ego, porque moriríamos debido a la naturaleza humana. Creo que si lo perdiéramos, nos acabaríamos suicidando colectivamente al ver lo que nos hacemos y le hacemos a este hermoso planeta.

Usualmente estamos comparándonos con los demás, ignorando que siempre habrá alguien que haga las cosas mejor o peor que nosotros, sin importar que tan grandes sean nuestras cualidades o defectos. El compararse con otros siempre es una fuente infinita de frustración o sufrimiento.

De todo corazón, espero alcanzar el día en que sea suficientemente maduro para que, aunque me sepa superior al resto, dejar de notarlo o de darle importancia. Ese día que enfoque mis esfuerzos en la mejora de los otros en vez de la vanagloria propia, y así reducir un poco la brecha.

Pero soy tan ególatra que prefiero seguir siendo el tuerto en pueblo de ciegos, que guiar a más gente con potencial a desarrollarlo. Creo que eso habla mucho de mi calidad moral, de mi cinismo o de mi (falta de) honestidad, porque cada cual querrá leer lo que quiera, y es que es imposible dejar satisfechos a todos. Habrá quién me odie por este texto, incluso habrá quien me admire, pero estoy seguro que la mayoría me calificará como altanero, pedante o traumado, y tendrán toda la razón.

Tal vez por eso tengo una necesidad orgánica de quitarme la máscara para trascender, pero no estoy interesado en todos esos pseudogurús que te venden la inmortalidad o la trascendencia a través de enseñanzas que se prostituyen cuando tienen un precio. Me parecen interesantes sus conceptos, pero tomo lo que me sirve y me retiro, porque no estoy interesado en enriquecer sus arcas que, posteriormente, podría desembocar en alguna especie de secta. No me interesa ningún taller ni nada por el estilo. Simplemente quiero salir por mi propio esfuerzo y enseñanza, aprendiendo de los demás pero sin seguirlos, tampoco quiero que nadie me siga, si salgo solo de esta ignorancia colectiva, aunque esté en soledad, sé que estaré en paz. Cada cual debería encontrar su camino para trascender.

"Duda de todo. Encuentra tu propia luz." - Buda

Admito que soy un elitista hijo de la chingada pero no soy igual que el resto de imbéciles que discrimina por dinero, ropa, status social, belleza u otras. Yo discrimino por nivel de desarrollo personal: la gente estúpida, prejuiciosa, dogmática, ignorante, dejada, religiosa y demás idiotas que no piensan, son la escoria que merece mi desprecio.

Con esa gente uso una máscara de soberbia, egolatría y crueldad que les resulta muy popular, lo cual me parece ridículo porque, básicamente, se sienten agradecidos que los esté maltratando. Esto se da porque en su limitada visión de la vida creen que eso es lo más "cool" que uno puede alcanzar, síp, el ser "Coolero" ;-)

Cuando no usaba tantas máscaras y era una versión más bondadosa y auténtica de mi persona, la gente se aprovechaba del bonachón de mí por mostrar una esencia limpia. Con tantos años de maltrato, fui forjándome (por instinto de conservación) una identidad ad hoc al mundo real, no al que te dicen que es el ideal, porque todos te dicen lo que es políticamente correcto, pero nadie cree en realidad en ello, por eso casi todos son corruptos y despreciables.

Esa máscara de crueldad e indiferencia me ayuda a separar a la gente basura de la que vale la pena, porque los segundos tienen amor propio y algo de inteligencia en la tatema.

De pequeño me tragué todos esos discursos que todo el mundo dice: "Todos somos iguales, no importa si estás guapo o está gordo; si eres rico o si vives en la calle; si eres gay o eres negro". Con el tiempo fui aprendiendo, de mala manera, que todo eso no es cierto, DEBERÍA serlo, pero nunca lo ha sido ni lo será.

A la gente se le trata mejor por su físico, vestimenta, clase social o nacionalidad que a los que no fueron tan afortunados en esos puntos. Pero TODOS repetimos esa mentira de que todos somos iguales, tal vez por la ilusión de que somos mejores al decirlo, aunque no sea cierto.

Aunque de hecho sí seamos todos iguales, porque todos vamos a morir, todos cagamos, todos orinamos, nos enfermamos, lloramos, reímos y demás, NO nos tratamos todos de igual forma y ahí empieza la discriminación. He corroborado que la aceptación y oportunidades que reciben se basan casi totalmente en tu apariencia, ya que el trato que recibo en los mismos lugares por las mismas personas, cambia si voy de traje o si voy de mezclilla.

¿Por qué simplemente no superar cuestiones mustias o morales? Tal vez suene cruel pero si nace un niño con una malformación o algún retraso, ¿por qué no sacrificarlo? o, desde antes, ¿abortarlo? Sé que muchos se escandalizarán y me tacharán del nuevo Hitler, pero ¿acaso se sienten mejores? ¿Quién va a soportar una vida de sufrimientos y discriminación? ¿Quién va a llevar una existencia sin dignidad? ¿Quién se va a desgastar por vivir en contra de un mundo intolerante y culero?

Creo que seríamos más congruentes, así admitiéramos que a la gente bonita se le trata mejor y a los "malhechos" ni se les voltea a ver, ya no digamos tratar con ellos. Aunque sean minoría en el mundo, se les trata mejor a los blancos, a los altos, a los atléticos, a los ricos, a los guapos y demás minorías.

Es ridículo cómo las personas se creen más por tener más dinero, mejor trabajo, un auto más caro, ropas más elegantes y amistades más "importantes". Algo que en verdad me repugna son los que se creen divinos por el simple hecho de salir en la sección de sociales de un periódico estúpido, o en una revista diseñada para que la gente hueca admire que otra gente hueca fue a la fiesta de fulanito de tal.

Esa estúpida gente que necesita la aceptación y reconocimiento de un medio impreso, sin importar que lo lean cinco gatos, ya que ellos no se pueden aceptar. Por eso necesitan ver sus caras impresas y disfrutar sus dos minutos de fama para que, hacia sus adentros se digan "¡Sí existo! ¡Sí valgo algo porque salgo en revistas de gente mamona!" todo por una estúpida foto.

Cuando he tenido la desgracia de ir a dichos eventos (cuando todos mis esfuerzos por zafarme fueron vanos), se acercan fotógrafos, se presentan y me dicen que vienen de tal revista y que si me pueden fotografiar, invitación que rechazo amablemente. Obviamente se extrañan, porque normalmente la gente les pide a ellos que los fotografíen pero, en mi caso, me sentiría muy ofendido de salir en una publicación así, además de sentirme devaluado.

Eso me recuerda el siguiente caso: Siempre que saco la basura al frente de mi fraccionamiento, normalmente me encuentro a pepenadores que están seleccionando lo que les puede ser útil, a los cuales les doy los buenos días (sin importarme que vaya de traje) y ellos responden amablemente. En una ocasión salí a un horario fuera del habitual, y había una anciana checando la basura, fiel a mi costumbre le dije "Buenos días" pero ella no respondió. No estaba sorda porque, acto seguido, le gritaron sus amigos de más lejos y se fue con ellos.

Más que creer que fuera una maleducada, el pasaje anterior me deja claro que la señora no contestó porque no creía que me estuviese dirigiendo a ella. Eso es un reflejo de la sociedad de mierda en la cual vivo, en donde la gente se vuelve invisible si no está a tu "altura social" (lo estúpido es que la gente babosa cree que la clase viene con el dinero o las posesiones, pero ignoran que la clase viene con la educación).

Esa pinche gente que se cree hecha a mano, se perciben divinos y mejores que los demás por el simple hecho de lo que tienen, no de lo que son. Ese maldito elitismo que no sólo nos separa por nacionalidades, razas, creencias religiosas y demás, también lo hace en los status sociales. A alguien se le va a tratar distinto por ser extranjero, por ser alto, por ser guapo, por ser rico, el cual es inversamente proporcional al que se le da al autóctono, al chaparro, al gordo, al feo, al pobre y demás marginados. Y me repugna más porque me he cachado con actitudes similares inconscientes, por lo que resulta endémica esta discriminación en la naturaleza humana.

Para mí es más digno vivir en una verdad cruel que en una bella mentira, si a los jodidos (física y económicamente) se les trata mal, ¿para qué dejarlos seguir con su sufrimiento? ¿A quién le interesa que sigan vivos los chaparros, los feos, los pobres o los autóctonos? A los beneficiados, porque sin una Latinoamérica jodida, no podría existir Gringolandia rica, sin la enorme cantidad de feos, los guapos no resaltarían; sin muchos pobres, los ricos no tendrían a quién explotar.

Sin duda habría menos frustración de vivir en una sociedad mentirosa que clama a los cuatro vientos igualdad, ¡por favor! ¡Qué estupidez!

Cuatro de Abril del 2013

¿Qué se siente ser feo?

Razonaba con mi amiga Camelia que no es lo mismo para un hombre ser feo que para una mujer ya que, por la forma en que funciona la sociedad, el hombre tiene muchos otros medios de influencia (status, dinero, cuerpo, ropa, auto, trabajo, etc.) con el cual sobresalir pero, en el caso de las féminas, por más exitosa y atractiva que sea en otros rubros, nunca podrá quitarse el estigma de fea, por eso están tan obsesionadas con arreglarse (la gran mayoría).

De hecho, en el libro que estoy leyendo ahora, "Choque de Reyes" (Segunda entrega de la saga "Juego de Tronos") la misma Catelyn Stark lo expresa al ver la fealdad de Brienne, una mujer caballero al servicio de Renly: "¿Hay en la Tierra criatura tan desafortunada como una mujer fea?"

Retomé el tema con Hans y seguíamos estando de acuerdo en las conclusiones que alcancé con mi amiga así que, jocosamente, él dijo "Síp, eso de estar feo ha de estar bien cabrón ¿Qué se sentirá?" Ambos nos reímos y, cuando pasó Leo, Hans le preguntó sin más miramientos "¿Oye Leo? Hebert y yo nos estamos preguntando qué se siente ser feo ¿nos puedes decir?" Obviamente Leo siguió con la broma y empezaron con sus juegos pesados.

Aunque fue un momento (en apariencia) insignificante, para mí fue un pequeño regalo que me dio Hans. Como ya comenté en el escrito que le dediqué a la belleza, por muchos años me sentí muy feo. Hoy en día me siento mejor conmigo mismo, pero no me considero guapo (por eso cultivo otras características mías). Hans perfectamente me pudo preguntar "¿Qué se siente ser feo?" y no me hubiera hecho mella, pero que no lo haya hecho y que me haya incluido en su pregunta hacia Leo (Hebert y yo nos preguntamos . . . .) fue algo muy reconfortante para mí.

Volviendo a "Choque de Reyes", creo que por eso siento mucha empatía hacia Tyrion y Brienne, ya que ambos son muy feos por lo que tienen que explotar sus otras características para sobrevivir en un mundo cruel y despiadado.

Voy a intentar hacerme más consciente de todo esto que tengo la fortuna de vivir y disfrutar más seguido de las pequeñas felicidades que se me brindan.

16 de Junio del 2013

La mustia apariencia del Nito

Puede ser que usted interprete este escrito como racista, elitista, excluyente, xenofóbico y demás sandeces pero, si sabe leer entre líneas y tiene un poco de seso, se podrá dar cuenta que este ensayo es totalmente contrario a eso.

Los Estados Unidos tienen una influencia cultural muy fuerte alrededor del mundo, por lo que no es de extrañar que en México estemos altamente contaminados por ellos. A pesar de ello, creo que nunca habíamos adoptado algo con lo que no estuviéramos de acuerdo, por esa razón nunca ha tenido éxito un Taco Bell, ni vemos la NHL, ni celebramos el día de Dar Gracias, ni construimos casas de madera, entre otros aspectos muy comunes en el gabacho.

Uno de esos aspectos era el racismo o, mejor dicho, fingir una postura civilizada contra ello. El racismo es algo que está presente en todo el mundo, lo cual no quiere decir que sea correcto: Los japoneses ven con desprecio al resto de asiáticos, a los alemanes no les agradan los turcos, en España hay constantes insultos racistas contra los africanos, en Costa Rica no son bien vistos los nicaragüenses y demás ejemplos encontrados en cada esquina del planeta.

En México el racismo/elitismo histórico ha sido contra los indígenas y/o la gente de pocos recursos, en donde se demuestra que el comportamiento del mexicano estándar se torna grosero y bastante desleal. Cada país tiene sus traumas, sus enseñanzas, sus defectos, sus miedos, etc. Si algo NO habíamos heredado de los gringos eran sus prejuicios raciales . . . . hasta ahora.

Tenía mucho tiempo que no comía un "Negrito" (pastelillo relleno y cubierto de chocolate de la marca Bimbo), el cual consumía desde mi más tierna infancia (o sea, hace unos 30 años) y nunca había tenido alguna connotación negativa, es más, el nombre era lógico al ser un pan relleno de chocolate y estar muy sabroso (aduciendo al sabor que normalmente encontramos en la cultura negra). Por alguna razón, alguien con mucho tiempo libre, y cochambre en la mente, encontró el nombre inapropiado y decidieron renombrarlo como "Nito".

Mi primera reacción fue de extrañeza "¿Eh? ¿Qué clase de mamada es ésta?", después vino el enojo "¿A quién se le ocurrió cambiar un nombre icónico? ¿Están estúpidos?" luego de incredulidad "¡No puede ser! ¿En verdad lo cambiaron por lo que pienso que lo están cambiando?" Ahora resulta que comerse dicho pastelillo era racista "Me voy a echar un negrito", como si hubiera ramas mexicanas del Kukuxklán, una idea tan absurda como el cambio de nombre a "Nito", para quedar bien con los escasos negros del país. Luego decidí desahogar todo lo que pensé y sentí en estas líneas, mismas que sé que no van a resolver nada pero, por lo menos, me dejan el alma en paz al expresar lo que veo en este tema.

México debe ser uno de los países más racistas, sin embargo, contra los negros es casi imperceptible ¡porque no tenemos! Sólo el 0.4% de nuestra población es negra (incluidos algunos de mis ancestros), lo cual no quiere decir que no sean importantes o tengan menos derechos pero, dicho sin pelos en la lengua, no son un grupo tan representativo como para discriminarlos. De hecho, cuando te llegas a encontrar con uno en la calle, más que ocasionarte un sentimiento de animadversión, te causa uno de curiosidad "¡Mira! ¡Un negrito! ¡Tómame una foto con él!". Tal vez no sea lo óptimo pero, por lo menos, la reacción es de cariño, curiosidad y hasta amistosa.

Uno de los aspectos que nos han heredado los gabachos es su status de belleza, sólo basta ver los comerciales: gente con facciones anglosajonas, güeritos, con ojo y cabello claro. Las personas con esas características no son la mayoría en este país, sin embargo, es el ideal de belleza que se ha instalado en nuestro inconsciente, gracias al bombardeo mediático de nuestro vecino del norte. Pero ello no significaba que tuviéramos algún problema contra la gente de raza negra.

Esto está tan tatuado en el inconsciente que si uno observa con atención, en México es difícil encontrar a una persona con facciones europeas en algún puesto poco deseable y viceversa, es difícil encontrar a alguien con facciones indígenas en algún rol de importancia relevante. La regla general es que la gente guapa, blanca y facciones occidentales es privilegiada mientras que los de facciones autóctonas son víctimas de prejuicios añejos en el trato.

Pero, a pesar de este hecho recalco, eso no afectaba a la escasa población negra del país.

"En México casi todos los burgueses son blancos y casi todos los blancos son burgueses" – Carlos Monsiváis.

Vayamos más allá, en México hay una especie de odio endémico hacia los estadounidenses (por ello los llamamos despectivamente "gringos") pero, por lo que he visto, ese rechazo es principalmente contra el caucásico, ya que al ver a un gabacho de raza negra, pesa más nuestra reacción curiosa hacia esa raza que el desagrado por su nacionalidad.

Aclaro, no quiero decir que en México no hay racismo contra los negros. Recalco que hemos de ser uno de los países más racistas del mundo, en donde discriminamos a todo lo que se mueve, donde somos buenos para quejarnos del trato que nuestros inmigrantes reciben en Estados Unidos cuando nosotros somos aún más crueles con los centroamericanos.

Lo que quiero decir es que el racismo contra los negros es considerablemente menor del que experimentan indígenas, gringos, españoles, centroamericanos, argentinos, gays, nacos y demás grupos sociales. En este país es casi imposible que no recibas, por lo menos alguna vez, una muestra de discriminación (y recalco, no es que esté bien, pero es un hecho irrefutable).

Una actitud tonta de la humanidad es arreglar algo que no está roto. Hasta donde sé, nadie se sentía ofendido por el nombre del ex "Negrito" aunque claro, como casi no hay "afromexicanos", pues no había muchos a quienes preguntar. Les aseguro que nadie había visto nada malo en el nombre "Negrito" pero, ahora que lo cambiaron, han demostrado que algo hicieron mal y que se arrepienten tras tantos años, hecho totalmente tonto, además dicen que no hagas cosas buenas que parezcan malas.

"Los mexicanos hacen trabajos que ni siquiera los negros quieren hacer" fue una frase desafortunada que el expresidente Vicente Fox dijo en Estados Unidos, y fue acribillado mediáticamente por ello en dicho país, pero acá no causó el mismo furor, tal vez porque no vimos nada malo en sus palabras, sólo una verdad. Tal vez estamos tan cegados que no vimos la connotación negativa de "ni siquiera los negros" llevaba, tal vez porque se puso a nuestros paisanos en un escalón debajo de los Afroamericanos, y nadie se ofendió aquí por ello (o somos más tolerantes o estamos más acostumbrados al maltrato)

Siguiendo esta tendencia del "Nito", al rato van a hacer que Memín Pingüin sea güero. Recuerdo perfectamente cuando los gabachos acusaron de comic racista a "Memín Pingüin" todo porque el protagonista era negro y pasaba muchas vicisitudes, ¿Acaso no lo era la Familia Burrón? ¿Lágrimas y risas? ¿El Pantera? ¿El Santos contra la tetona Mendoza? Todos ellos son historietas en donde los protagonistas se las ven negras ;-) pero sólo se quejan de Pingüin por ser negro, ignorando los aspectos positivos que llegaba a exaltar y sólo tomando los negativos (como si en la vida sólo hubiera seres humanos con aspectos positivos).

Pero en fin, nunca vimos a Memín Pingüin como un Cómic racista, hasta que los gringos se quejaron de ello, pero sólo era su perspectiva, no la nuestra; sin embargo, la opinión gabacha nos pega mucho. Desde nuestra perspectiva Memín Pingüin era el clásico héroe mexicano que, a pesar de las adversidades, salía adelante. ¿Qué de racista tiene ello? ¿Acaso los negros no tienen problemas?

Bajo esa visión, entonces ningún caucásico, latino, asiático, indígena y ningún humano en general va a desempeñar un papel "inferior", porque de inmediato será tachado de racista o elitista y vamos a acabar en que nadie interprete ningún papel "negativo" para no afectar a alguien. Ya no va a haber malos, víctimas, secuaces y demás, no vaya a ser que unos se sientan agredidos y, en automático, la contraparte se va a sentir superior. O tal vez hacer a todos los involucrados (buenos y malos) de una misma raza para que nadie se vea afectado pero, al final, también sería tachada de racista porque no incluye a las otras etnias. ¡No mamen! Ahora resulta que el mundo es un lugar ideal para plasmarlo así en las series.

Esas acciones sólo demuestran una postura tipo "Vamos a demostrar que todos somos iguales, aunque no lo creamos, a través de acciones que no aportan nada pero que hacen parecer que somos más civilizados y tolerantes".

Lou Marinoff explica muy bien la diferencia entre vergüenza y culpa y nos da dos ejemplos culturales muy interesantes. En los Estados Unidos les dan privilegios y dádivas a las minorías (Sobre todo a los negros) por el sentimiento de culpa que les ocasiona el haberlos esclavizado. Lo toman como una deuda que cargan y por ello intentan enmendar "su" falta a través de becas especiales, escuelas exclusivas, programas de apoyo y demás ventajas para los negros.

Sin embargo, los beneficiados no se sienten agradecidos al respecto, ya que toman esto como limosna, no con un sentimiento auténtico, y los insulta. Los negros están resentidos con los blancos porque sus muestras de "compensación" lo hacen desde un lugar de superioridad como diciendo "Somos blancos generosos que les damos a ustedes los negros que tienen poco". Y de ahí el por qué lo negros no son tan abiertos para aceptar a los blancos en sus círculos exclusivos.

Ahora, tomemos a los teutones. A pesar de la masacre judía realizada en la segunda guerra mundial por parte de los Nazis, no vemos que haya ayudas especiales, universidades exclusivas o leyes que privilegien a los judíos en Alemania. Obvio los germanos se sienten muy mal respecto a lo que pasó pero sólo sienten vergüenza mas no culpa, porque ellos entienden que fue otra época y no tienen una necesidad de insultar a los semitas con dádivas que no va a resarcir lo acontecido.

Esa actitud es la que se debe tomar: "Estoy consciente de lo malo que pasó y te respeto tanto que te voy a tratar con la justicia que mereces, no insultando tu dignidad al intentar compensarte por algo que jamás podrá ser resuelto de manera retroactiva".

Y ya que toqué el régimen Nazi, recientemente me compré "Mi Lucha" (Mein Kampf) de Adolf Hitler, misma que no estaba en librerías grandes, así que la tuve que conseguir en lugares alternativos. Resulta que cuando caminaba con él por la calle, la gente me miraba feo ¿Acaso no ven el color del cual soy? ¿Será que con el juego de luz mi piel morena se ve güera, mi cabello rizado se ve rubio y mis ojos cafés se tornan azules?

¿Por qué lo compré? Porque si se quita la cuestión racista, resulta que las ideas de Hitler eran muy progresistas y una alternativa viable al capitalismo obsceno que nos consume en la actualidad. También quiero saber por qué los alemanes que vivieron bajo su mandato le tienen buena estima por haber impulsado el desarrollo germano antes de la guerra. Y también quiero conocer lo que pensaba porque el que no conoce su historia se arriesga a repetirla ¿Creen que por ocultar las ideas hitlerianas van a desaparecer por completo? Al contrario, entre más secretismo haya al respecto, mayor será la curiosidad de la gente por conocerlas y, no duden, que sea más factible que alguna célula de neonazismo empiece a desarrollarse nuevamente (como de hecho ya existen alrededor del mundo), y su devoción va a ser mayor al tomarlo como un culto que está siendo prohibido.

Ahora, antes de que una señora gorda y amargada me salga con que ando promoviendo las ideas Nazis, no me malentiendan, no digo que haya que promover las ideas del Tercer Reich, pero tampoco habría que esconderlas porque resulta contraproducente.

Como todos los problemas sociales, sólo hay una solución a largo plazo: la educación recibida, tanto en las escuelas como en los hogares. Mientras tanto, acciones mustias como el "Nito" pueden ser útiles a la larga. Recientemente en Puebla se ha implementado la fotomulta, para todos los que exceden el límite de velocidad, medida que no fue muy popular entre los conductores pero, al final, nadie nos pidió opinión.

Al inicio las quejas por los límites tan bajos o las multan tan onerosas no se hicieron esperar pero, con el paso del tiempo, la gente se ha empezado a acostumbrar y ya no se ve a tanto desquiciado desahogando sus traumas de piloto de Fórmula 1 frustrado a través de las calles. La medida fue efectiva, ya que al haber menos velocidad, los riesgos para conductores y peatones disminuyen. Obviamente no se adoptó la medida de manera convencida, pero el resultado se logró. Es factible que en dos o tres generaciones, los conductores ya no manejen tan rápido y sean más conscientes, por lo mientras, esta generación se ve limitada porque ya les dolió el bolsillo de pagar infracciones altas.

Todo radica en la sinceridad de los actos. Es como cuando veo que un conductor de transporte público (en México) se detiene antes de la luz preventiva, uno podría decir "¡Vaya! Es alguien civilizado que respeta el semáforo", pero luego notas que va lento adrede para cazar pasaje, es cuando te das cuenta que su acción, aunque correcta, no tuvo un trasfondo auténtico de respeto. No es lo mismo actuar correctamente por un sentimiento leal que hacerlo porque así conviene a intereses propios.

De igual forma, no es lo mismo hacer cambios, leyes o ventajas para minorías por un auténtico sentimiento de justicia, respeto e igualdad de derechos a hacer las mismas acciones porque me hacen ver bien ante la sociedad.

Tal vez, y sólo tal vez, el "Negrito" y el Memín Pingüin son expresiones de una cultura muy adaptada al racismo, una chapada a la antigua en donde no se discriminaba de manera abierta o violenta a los afromexicanos pero sí se hacía de manera silente. Tal vez el "Nito" sea un paso forzado para cambiar eso, para darle un respeto (forzado, recalco) a un grupo étnico casi inexistente en el país, en una muestra de apoyo hacia las minorías. Tal vez así sea o tal vez, como he querido decir en el texto, sólo sea una actitud mustia para dar una apariencia civilizada. Si al final esta acción da resultados positivos con las generaciones futuras, habrá sido positiva aunque su origen haya sido falso.

Al final, que el "Negrito" le cediera su lugar al "Nito" pueda resultar provechoso, tal vez no para los que consumimos el "Negrito" pero, conforme vayamos quedando atrás, las generaciones que vienen sólo conocerán al "Nito" y de a poco se irá erradicando esa visión curiosa de la gente de raza negra y puede ser que (en algún siglo) se les trate con respeto en este país (Algo poco probable en una tierra en donde no existe un respeto auténtico hacia nada).

18 de Marzo del 2014

El Racismo de los negros

Ya escribí largo y tendido sobre esta tendencia mustia de aparentar civilidad ante la discriminación racial y esa necesidad de pasar por una sociedad respetuosa, aunque no lo seamos. Recientemente me encontré con una nota que en verdad me hizo enojar, pero ahora con las supuestas "víctimas".

Benedict Cumberbatch, actor nominado al Óscar, utilizó el término "Gente de Color" para referirse a los negros, en una opinión que daba sobre que estos no reciben tantas oportunidades de actuar en su natal Inglaterra como sí las reciben en Hollywood.

Y bueno, se alzó el revuelo porque el término "Gente de Color" ahora resulta que es racista. Algo que es un común denominador en la sociedad gringa es la mustiedad, los golpes de pecho y una exagerada reacción cuando alguien se atreve a "descalificar" a un negro.

El actor tuvo que ofrecer disculpas, proclamarse estúpido y casi casi quemar su capucha del Ku klux klan por haber cometido un pecado tan grave en contra de la comunidad negra mundial, ya que sus comentarios echaron al traste con tantas décadas de igualdad (perdón por el sarcasmo, no lo puedo evitar con temas tan imbéciles y pendejos).

A ver, se les llama "gente de color" y se ofenden, de igual forma si se les llama "afroamericanos", ya no digamos si se les llama "negros" ¿Cómo carajo quieren sus majestades que se les llame? ¿Gente sensible con piel más pigmentada? ¿Los que no deben ser nombrados? ¿Las eternas víctimas? ¿No es acaso igual de intolerante estarse ofendiendo por cualquier adjetivo que se les intente aplicar? ¿Ahora nosotros debemos ponernos pendejos cuando alguien nos llame "latino"? ¿Y por qué no se ofenden los "blancos" de ser llamados así si en realidad son rositas? Al rato me voy a ofender si alguien me dice moreno.

¡Ah! Pero los negros sí se llaman así entre ellos, es como un término exclusivo para su raza, es más, he visto cómo disfrutan llamarse y ser llamados "Negros", mientras lo haga un "hermano", no un pinche blanco de mierda que se crea igual que ellos ¿Acaso eso no es racismo hacia al blanco? ¿Eso no califica como discriminación? Y nadie la anda armando de pedo, ¿verdad?

Como bien decía el Sr. Einstein "El Universo y la estupidez humana son infinitos, y del primero no estoy tan seguro". Cuando uno piensa que ya no es posible alcanzar nuevos niveles de idiotez, vienen notas como éstas y me corroboran que para la ignorancia, dogmatismo y estupidez humana no hay imposibles.

Vamos a llegar al punto en donde nadie pueda decir "Esa persona me cae mal" o "No estoy de acuerdo contigo" porque seremos tachados de intolerantes y como un cáncer para la reputada sociedad tan civilizada y avanzada en términos de igualdad.

Por ejemplo, en la oficina nos decimos de todo, con frases altamente hirientes y expresiones políticamente incorrectas (algunas muy manchadas). Sin embargo, no hay dolo, y ahí radica la diferencia. ¿De qué sirve que uno se ande cuidando de no decir una palabra si por dentro tiene creencias altamente racistas? ¿De qué sirven las expresiones reprobando al actor británico cuando resultan igual de intolerantes? ¿Por qué se quejan los negros de ser llamados así cuando ellos se lo dicen a diario?

Es ridículo que la gente negra sólo se hubiera fijado en lo de "gente de color" y no leer todo el discurso y que el Sr. Cumberbatch los estaba apoyando en realidad. Pero una estúpida palabra causó más revuelo que el apoyo que les expresaba. Y es justamente este tipo de actitudes mojigatas las que despiertan comentarios negativos hacia un pueblo (llámese negro, judío, latino o lo que se les ocurra).

Al final todas son etiquetas y éstas, normalmente, siempre tienen un tono prejuicioso, por lo que cualquiera se puede sentir discriminado o agredido por ellas. Pero no ves que un salvadoreño la haga de pedo si alguien lo llaman latino, o un filipino si alguien le llama asiático. Al final los negros están promoviendo ese racismo al reaccionar de manera tan exagerada ante los comentarios, y la postura correcta es que deberían ignorar dichas etiquetas.

No cuenta tanto cómo te llamen, sino cómo te tratan. Y es que los negros NO quieren un trato de igualdad, quieren uno preferencial, porque creen merecerlo por todos los años que fueron sometidos, pero no creo que sea justo tratarlos con algodones por lo que sufrieron sus antepasados (y porque ellos cosecharon dicho algodón (perdón, minichiste racista que no pude evitar)), lo que sí creo es que deben ser iguales que todos, y para ello deben aceptar que son igual de importantes que el resto.

Si los negros insisten en ponerse en plan de víctimas cada vez que alguien los "discrimina", lo único que van a lograr es una animadversión generalizada, porque en ningún momento permiten que los trates como gente normal, sobre todo cuando ellos resaltan la diferencia en cada maldita oportunidad que tienen.

Creo que deberían quejarse por cosas realmente importantes, como el que no hay un muñequito negro en el WhatsApp, ¡eso sí es racismo! Hay chinos, hay hindúes y hay blancos pero, cada vez que me refiero a los Nitos, no tengo muñequito negro para expresarme. ¬_¬U (para quien no entendió, estoy siendo sarcástico otra vez)

Si quieren igualdad, empiecen a comportarse como iguales, porque el hecho de que hayan sido esclavizados tantos siglos no los hace merecedores a un trato preferencial. Obviamente no lo van a hacer y en cada oportunidad la van a hacer de jamón pero eso a la larga, y desde mi perspectiva, resulta más perjudicial para su causa en lugar de ayudarla.

Ocho de Febrero del 2015

Como te ven, te tratan (Parte 1 de 3: Físicas)

"Es mejor ser guapo que ser bueno. Pero es mejor ser bueno que ser feo." – Oscar Wilde

De dientes para afuera se dice que todos somos iguales y que tenemos las mismas oportunidades, ya en la realidad, las cosas son diferentes. Si estás incompleto, anciano, feo, gordo, chaparrito, apestas, tatuado e incluso si no tienes cabello, el trato es diferente.

Esto se demuestra claramente en las redes sociales. En mi primera etapa en Facebook, si una chica bonita me enviaba una solicitud de amistad, aunque no la conociera, aceptaba sin chistar. Por otro lado, si alguna mujer poco atractiva me enviaba una solicitud, aunque la conociera, casi nunca las aceptaba, en verdad me tenían que caer muy bien para hacerlo.

Lo mismo pasa en Twitter, basta que pongas la foto de alguien atractivo que simule ser tú, y tu cantidad de seguidores se incrementará exponencialmente (sin importar que twittees pendejadas) a que si pones tu verdadera y fea cara porque, a menos que seas muy ocurrente, sólo te van a seguir tus primitas del pueblo.

Pero no sólo se trata de lo atractivo que seas, también se trata de lo atractivo que NO eres. Porque una cosa es ser feo, standard, mediocre o sin chiste y que nadie repare en ti, pero otra muy distinta ser tan grotesco que la gente te voltee a ver, pero por morbo.

Me enteré del caso de un hombre que no tenía un brazo mismo que ni siquiera conseguía una entrevista de trabajo. Una amiga movió sus influencias para que lo entrevistaran aunque, continuando la tendencia, no lo contrataron (aunque era más capaz que el candidato al cual contrataron).

Pasando a mi oficina, hay una compañera que se ve súper apetitosa y se viste muy bien para resaltar su atractivo cuerpo, pero no se me para cuando la veo ¿Por qué? Hace años le dio cáncer en un seno, por lo cual lo perdió y, para reconstruírselo, tomaron parte de una de sus nalgas, así que esa visión "incompleta" no me inspira y, para mi prejuicioso inconsciente, es un hecho suficiente para descartarla como potencial pareja.

Aunque suena despreciable lo que acabo de escribir, no es algo tan extraño en la humanidad. Desde que el humano empezó a caminar sobre la Tierra, siempre ha buscado los especímenes más bellos, sanos y jóvenes para reproducirse; el encontrar la mejor pareja posible hace que sus genes se mezclen con otros que los van a mejorar, por eso es que de inmediato descalificamos a seres más chaparros, feos, gordos, enfermos o incompletos.

Debido a ello mi miedo más grande es el de quedarme incompleto, preferiré sí o sí la muerte antes de vivir mutilado, no me imagino la existencia sin un brazo, una pierna, un ojo y demás. Lo cual es una estupidez, pero es un prejuicio que tengo tatuado: alguien incompleto es, en mi inconsciente, inferior.

Admito que me desagradan las personas con tatuajes, perforaciones, mutiladas, con malformaciones, que huelan mal o que sean de India o China. Creo que, si tuviera que contratar a alguien, preferiría quedarme con la vacante sin ocupar a elegir a alguien con las características antes mencionadas. ¿Acaso soy un asco de persona por admitir esto? Tal vez, y no lo afirmo categóricamente porque TODOS tenemos prejuicios similares, sólo que no está bien expresarlos en público, siempre debemos de mantener esa imagen de fingida tolerancia y falsa civilidad para sostener este teatrito que todos somos iguales, cuando no lo somos.

Es más común cuando voy a Estados Unidos, aunque en mi país también hay: cuando llego a ver a una persona completamente tatuada, siento repulsión, por lo que las evito totalmente, me doy la vuelta y me alejo tanto como puedo, incluso evito verlas. Tengo algunas amistades con tatuajes, pero sólo tienen un par, y es que no me creo capaz de tener una relación (de cualquier tipo) con alguien que me resulta desagradable físicamente.

Pero hay otros detalles que no son tan obvios pero que, en su conjunto, resultan igual de importantes para venderte mejor. El olor es un tema vital en los animalitos, con aires de grandeza, que somos los humanos. Hay un olor que me resulta repulsivo y, en automático me genera rechazo por quien lo lleva consigo, sin importar el aprecio que pueda tener por dicha persona: el olor a cama, el tufo a recién levantado.

Es normal oler así cuando recién te levantas, pero es muy triste, por no decir asqueroso, que sigas oliendo así cuando ya llevas un par de horas en la oficina. Y es que tengo dos casos bien identificados con esa peste: el primero es un compañero que es muy noble y decente pero, cuando me llega su tufo a cama al saludarme, de inmediato encuentro cualquier pretexto para alejarme, creo que por el simple hecho de que huela así jamás podría considerarlo dentro de mi círculo de amigos.

Si es triste que un hombre huela así, imagínense lo que es que una mujer emita dicho olor. El siguiente caso es de mujer que en algún momento pretendí, misma que está bastante apetecible pero, cuando la huelo, mi erección desaparece y procedo a alejarme (tal vez por eso no me he animado a lograr nada con ella).

Continuando con el tema del olor a cama. A veces me baño en las noches y a veces en las mañanas, pero eso sí, lo hago diario y nunca he olido a cama (y lo sé porque he preguntado a mis amigas más mamonas y crueles, mismas que amarían darme una puñalada así en caso de merecérmela). Te puedes bañar de noche, es tu decisión, pero no tienes derecho a oler a recién levantado ya fuera de tu casa. Si no te vas a bañar temprano, por lo menos lávate la cara y procura salir muy fresco de casa.

El oler a nada no te da, pero tampoco te quita, puntos. El oler a limpio te da puntos. Pero oler limpio y con un perfume ad hoc te da puntos a morir. El oler a perfume, tratando de ocultar tu sudor o mugre, resulta en una pérdida de puntos mayor a que si sólo olieras a suciedad, porque te ves peor tratando de ocultar el mal olor a que si sólo lo aceptas. ¡Ah! Y aguas con la cantidad de perfume, porque vaciarte la botella, tampoco es bien aceptado.

Otro tema a cuidar es el vello facial, así como los pelos en la nariz y en las orejas. Empecemos con los hombres, el vello facial no es un tema vital, porque nosotros tenemos opción a tener barba, así que paso directo al cabello en orejas y nariz. Ese pelo crece para proteger dichas partes de los contaminantes externos, sirviendo de filtro para evitar la mayor cantidad de agentes externos que puedan infectarte.

Hasta ahí todo bien pero ¿Es necesario que tengas una selva creciéndote en dichos lugares? Con que el cabello se quede dentro de la cavidad es suficiente, si dejas que se desborde de ellas das una apariencia bastante grotesca, tanto para hombres como para mujeres (por lo menos a mí me da asco). Ya hay tijeritas o rasuradoras especiales para dichas zonas, así que no hay pretexto para estar mostrando toda la "mata" nasal y auricular.

Pasando con las féminas, ¡qué difícil es ser mujer! Cualquier cosa que al hombre se le prohíba socialmente ella suele tenerlo mucho más restringido. El vello facial, si es fino e imperceptible, no es gran problema para la fémina pero si ya tiene más bigote y patillas que el tío Alberto, resulta en un espectáculo triste y mata pasiones. Ahora, si en el hombre los pelos en la nariz y orejas se ven mal, imagínense en la mujer.

Hay una compañera de trabajo que está deliciosa como no se imaginan, pero hay dos aspectos que me impiden abordarla: su olor y el cabello en su nariz. El olor no es por higiene, es el humor propio de ella, las feromonas que expele no son de mi gusto y por ello, aunque la vista me diga "¡A fornicar!", mi nariz dice "¡Ni te atrevas porque huele feo!" Eso se intensifica cuando le llego a ver los pelitos que sobresalen de su nariz, un espectáculo triste que sólo me reitera que está bien que no intente tener sexo con ella.

De los aspectos vitales en la primera impresión es tu sonrisa, así que los dientes son de gran importancia. ¡Lávatelos! no hay nada más desagradable que ver restos de comida en ellos y nada más asqueroso que un mal aliento. Si tienes dinero ¡inviérteles! sobre todo si los tienes chuecos. Es muy triste ver a alguien con la dentadura deforme sabiendo que tiene los recursos para arreglársela. De hecho, debes aprender a invertir mucho en tu ser, y no sólo materialmente, sino en tiempo y cuidados.

Tengo una compañerita que está flaquita, he visto chicas de 15 años con más atractivos que ella. Recientemente se puso a hacer ejercicio y se empezó a poner sabrosona. Mi vecino de cubículo y yo lo notamos, por lo que empezamos a fantasear con que si se arreglara los dientes, se operara la nariz y se pusiera tetas, sería un culazo de mujer. Obviamente eso ya requiere un nivel de inversión que no sabemos si está interesada en hacer aunque, tal vez, debería considerarlo.

Los hombres siempre fantaseamos con "si perdiera kilos" "Si se operara" "Si hiciera ejercicio" "si no estuviera loca", etc. La enseñanza de esto es que, ante la sociedad, entre más perfecto eres (o menos defectos tienes), más atractivo te vuelves. Al final todos tenemos nuestro nivel de atractivo pero, entre menos detallitos te encuentren, más deseable estarás.

"¿Hay en la Tierra criatura tan desafortunada como una mujer fea?" - George R.R. Martin "Choque de Reyes"

Tengo dos amigas que estaban platicando sobre nombres de bebés ya que una de ellas le había puesto a su hija un nombre controversial: Roberta. Pero confesó que se animó a bautizarla así porque era blanca y rubia; ambas llegaron a la conclusión que, por extravagante que sea, se te perdona cualquier nombre entre más blanco seas (y también si tienes facciones sajonas que te respalden).

Y de ahí surge la regla contraria: entre más moreno, prieto, negro o pigmentado estés (aunado a facciones autóctonas), no tendrás margen de error al momento de asignar un nombre, ya sea de origen extranjero o nacional.

Tenía un compañero en preparatoria llamado Tonatiuh y, como era guapo y blanquito, su nombre era aceptado y hasta celebrado, porque todos querían al buen "Tona". ¡Ah! Pero también tenía otro compañero, con rasgos más indígenas, al cual le pusieron Urbano, y bueno, ya se imaginaran todas las burlas que recibía el pobre, al cual lo llamaban de todo, haciendo alusión a su nombre: "Rural", "Tu ano", "Fulano", "Suburbano" y demás. Si estos dos personajes hubieran cambiado de nombres, ¿creen que cambiaría el trato hacia ellos por el nombre o seguirían con la misma dinámica con la persona? La respuesta es obvia y no voy a insultar su inteligencia al expresarla.

Aunque ya traté el tema en otro escrito, el racismo se respira a diario, y tu color de piel y facciones pesan mucho más de lo que crees. Así que si algún día engendran a un vástago morenito y se saben de facciones autóctonas, no le jodan la vida al ponerle "Michael" sobre todo si se va a apellidar "Tinoco".

Tu físico o apariencia pesan más de lo que crees en la vida diaria, te des o no cuenta. Hace varios años, debido a la incapacidad de alguien del trabajo, mis ocupaciones y las de mi jefe se fueron al doble. Estábamos con las manos llenas y necesitábamos ayuda, y los candidatos que nos enviaban los de recursos humanos no nos servían. Un día nos enviaron el Curriculum de una mujer bastante capacitada que nos servía a la perfección en el departamento pero, para su desgracia, tenía una pinta muy ruda en su foto, algo así como lesbiana dominante y activa.

"¿Cómo ves Hebert? ¿La entrevistamos?" a lo que le contesté "Honestamente, no me da buena espina" con lo que estuvo de acuerdo y desechamos a la candidata, sin siquiera darle el chance de una entrevista. Igual y era una excelente persona, con una personalidad dulce pero, por su apariencia, ambos decidimos no arriesgarnos y preferimos seguir haciendo trabajo adicional que darle la oportunidad a alguien de la que no nos gustó su pinta. Se veía ruda, fea y tosca, características que no nos gustaban. Éste es un breve ejemplo de cómo los prejuicios físicos (entre otros) dictaminan muchas de nuestras oportunidades a todos los niveles.

No quiere decir que si te ves como lesbiana dominante y activa no tienes chance alguno, los has de tener, pero si quieres que tu abanico de opciones se incremente y se te brinden más oportunidades, pues trata de no verte tan ruda, trata de verte más atractiva, aunque después saques tu esencia de lesbiana ruda (como en su momento hicieron unos amigos gays de los que comentaré en la siguiente entrega). Ahora que si es muy importante para ti, cuestión de principios, que te acepten como te gusta verte, pues no te extrañe que sigas recibiendo menos oportunidades.

Tras este pasaje me quedó claro por qué en Estados Unidos los Curriculums ya no tienen foto (y lo sé porque he mandado algunos propios), y no por sentido común, sino que su legislación laboral ya lo impide. Precisamente para que no juzgues en base de la imagen y le des a la persona, basados en su capacidad, la oportunidad de una entrevista. Lo malo para estos individuos poco agraciados o que no se sacan provecho, es que la legislación no tiene validez dentro de las cabezas prejuiciosas de los que contratan.

Aunque se te obligue a brindar oportunidades de manera limpia, no quiere decir que los tengas que contratar y siempre podrás argumentar "Es que buscamos otras cualidades y encontramos a un candidato idóneo para el puesto. Usted tiene grandes aptitudes, pero sentimos que para esta función no aplican del todo". Siempre podrás dar razones (o mentiras) políticamente correctas pero, en el fondo, algo determinante para contratar o no alguien, radica en la apariencia, factor que influye incluso para relacionarte con dicha persona, ayudarle e incluso hablarle.

Pero ahí no termina la discriminación en mi departamento, una antigua jefa me confesó que tenía un prejuicio muy marcado a los chaparros. Ella era alta, y viendo nuestro equipo, nadie se podría considerar chaparro, todos éramos de estatura media para arriba, siendo de los departamentos con mayor altura promedio de la empresa.

"A mí no me da confianza la gente chaparra" me decía. Y, de alguna manera, tiene razón, bien reza el dicho "En todo chaparro habita un tirano". Todos tenemos unos límites bien marcados por nuestros prejuicios, pero no siempre tenemos la confianza de expresarlos. Como mi exjefa y yo éramos igual de cínicos, podemos expresarnos abiertamente este tipo de confesiones y nos sentimos en paz.

Por fortuna, para muchos de ustedes y para mí, el físico es sólo una parte del atractivo que generamos, ciertamente una muy importante y básica, pero no la única. En la siguiente entrega nos vamos a los aspectos sociales y en la tercera a los de actitud.

12 de Julio del 2015

Como te ven, te tratan (Parte 2 de 3: Sociales)

"Escojo a mis amigos por su buena apariencia, a mis conocidos por su carácter y a mis enemigos por su razón." – Oscar Wilde

Hay muchos casos en el mundo del espectáculo en donde, de manera objetiva, ves a la persona y dices "¿Es en serio? ¿Cómo es posible que encuentren a esta cosa atractiva?" La respuesta es mercadotecnia, lo que invierten en su imagen, en su promoción y sólo basta que algunas personas renombradas digan que alguien está buena para que se vuelva una verdad innegable, aunque el sentido común (y sobre todo los ojos) te indiquen lo contrario.

Hace unos veinte años todo el mundo estaba muerto por Julia Roberts cuando, para mí, era evidente que no era para nada guapa, cosa que no impedía que aparecieran en esas listas de las más atractivas del mundo. En la actualidad, alguien tan fea como Lady Gaga está en la misma posición, en donde es considerada una belleza sin serlo.

Lo que sí debo reconocerles a estas mujeres, o a su equipo de producción personal, es que a su alrededor arman una aura o carisma que se venden a sí mismas como que están súper sabrosas y es tanta su seguridad, aunada a la mercadotecnia, que la mayoría de descerebrados acaban por comprárselos. De hecho, en el caso de Lady Gaga, no sólo lo logran con su persona, también con su música misma que, aunque es despreciable, termina recolectando mucho dinero de la gente estúpida que cree que está siendo muy "cool" por consumir esa basura.

La producción que te destines es determinante, lo que inviertes en tu persona, en tu lugar, tus hobbies, tus viajes, tus gustos, tu casa, tu auto, todo lo que te haga lucir es importante en este mundo de apariencias. Tal vez tus principios te dicten vestirte con cadenas, tatuajes y pelo largo como en tu juventud y, aunque seas súper interesante y tengas mucha profundidad en tus conceptos, no vas a ser tan atractivo al resto, sobre todo si sigues con el mismo look desde tus 15 años cuando ya tienes 40.

Es triste, pero no por ello deja de ser verdad: tu apariencia, lo que expresas, tus creencias y demás son el pase, o la restricción, para que los demás se abran a conocerte o darte alguna oportunidad (laboral, sentimental, de amistad, etc.)

Tengo un par de amigos gays, con quienes la amistad surgió antes de saber que lo eran. Si de antemano hubiera sabido que eran homosexuales, difícilmente hubiera entablado una amistad con ellos, todo por esa precaución (normal en la sociedad machista en la cual habito) que uno suele tener con este tipo de gente "¡No se me vaya a pegar!" o "¡No vaya a querer conquistarme!".

Y los homosexuales están conscientes de esos prejuicios, por eso se tornan discretos con su condición. Es por eso que, al momento de ser contratados, fueron muy cuidadosos con ese aspecto, y durante los primeros años mantuvieron una postura heterosexual. Con el tiempo, y ya instalados por completo, empezaron a ser más honestos con el tema, pero ya no había tanto peligro, porque todos conocíamos su calidad moral y laboral, así que ya eran inmunes a los prejuicios que traemos, mismos que siguen vigentes contra el resto de gays.

Nos guste o no admitirlo, o que lo queramos ocultar con un "Todos somos iguales", en este mundo siempre nos vamos a dividir en clases ¡para todo! Para lo físico, lo económico, lo sexual, lo religioso, lo social y cualquier clasificación que me digan.

En alguna ocasión iba a comer con mis compañeras de oficina, cuando nos topamos con una señora de intendencia, misma que era amiga de una de ellas (la más "humilde" de nosotros, cabe señalar). Era el último día de la señora y se iba a despedir de mi compañera en cuestión. Como se despidieron de beso, también se despidió de la misma manera de todos nosotros. No lo voy a negar, me sentí bastante incómodo por dicho hecho, cuando comenté esto con las otras chicas que habían vivido el episodio conmigo (menos la amiga de la de intendencia, claro está), admitieron el mismo malestar que experimenté.

Sé que suena mamón, porque lo es, pero la señora era de otra clase, lo cual es cagante pero ya está muy tatuado en el inconsciente colectivo (por lo menos de donde yo vivo). Por eso los más guapos se llevan con los más guapos, los más ricos con los más ricos y los más populares con los más populares. De vez en cuando hay pequeñas anomalías al sistema pero, por lo general, así funcionan las sociedades.

Tengo una amiga que pensaba que no era mamona o elitista hasta que le pasó algo que le abrió los ojos: La chica en cuestión estaba en el baño, terminando de peinarse, cuando una más humilde (y de rasgos indígenas) le preguntó si le podía prestar su peine. Mi amiga, con toda la educación que la caracteriza, no encontró alguna razón para negarse y, con la moral estrujada, se lo prestó. Una vez devuelto el peine, y cuando se fue la persona, mi amiga procedió a tirarlo, "Ya no lo podía usar" me confesó, "Me daba asco". Esto le dolió porque era su favorito así que, a partir de entonces, ya tiene preparadas las excusas para negarlo si le vuelve a pasar algo similar.

Cuando tengo gente que me viene a reparar, limpiar o instalar algo en la casa, de vez en cuando alguien me solicita un vaso con agua, mismo que gustosamente les sirvo . . . en un vasito desechable, mismo que les obsequio o simplemente tiro. No es que mis trastes sean muy elegantes pero son para mi uso personal y el de mis visitas. Las raras ocasiones en que alguien me viene a visitar, con gusto les sirvo en los mismos utensilios que utilizo a diario y no hay ningún problema ¿Por qué? Para que alguien entre a mi casa, debe de estar a mi altura, aunque suene muy pendejo, así de claro lo tengo (y no creo ser el único).

Esa discriminación silenciosa no difiere en nada de la que se hacía con los negros en Estados Unidos, en donde no se les permitía sentarse en lugares de blancos; o a los Chinos que se les segregaba abiertamente antes de entrar al mismo país, de hecho hasta hubo una ley "AntiChina" en la constitución gringa. O, en otras épocas, en la Colonia (y hasta nuestros días) a los indígenas se les ha segregado desde siempre y son rechazados.

La naturaleza humana es la de segregar a quien consideras inferior, detestable, peligroso o simplemente feo; y esto no va a cambiar con acciones mustias y por más leyes que se impongan. Siempre va a haber un Hitler o un Trump, normalmente todos llevamos uno dentro, y por lo mismo nunca desaparecerán grupos como los Neonazis o el Ku Kux Klan.

Todos estamos expuestos a la discriminación, y expongo mi caso. Soy agnóstico pero, como pocos entienden el concepto, para resumir me presento como ateo cuando preguntan por mis creencias. La mayoría en mi nación son católicos, así que (dentro de sus pequeñas mentes) me ven como si fuera hijo de Satanás y evitan relacionarse conmigo (y está bien porque, de todas formas, no me gusta relacionarme con gente más dogmática que yo).

Pero también eso trae me trae repercusiones al momento de relacionarme como pareja. Aunado a mi ateísmo, estúpidamente, accedí a casarme por la Iglesia, lo cual me impide volverlo a hacer. La gran mayoría de féminas en mi país tienen como sueño máximo una boda enorme por la Iglesia, vestidas de blanco, con una fiesta que las desfalque y terminar sometidas al ser madres de un par de engendros que validen su existencia.

Por tal motivo, algunas ni siquiera se animan a conocerme ya que el punto de la Boda es vital para su realización como mujeres (por más pendejo que eso se escuche, no dejan de anhelarlo).

Pero ahí no terminan los prejuicios con los que tengo que lidiar, el hecho de ser divorciado, y tener 38 años me hace menos deseable que un soltero en sus veintes. Aparento menos años pero, cuando les digo mi edad, viene un "ahh" que significa "Pensé que eras más joven", pero tampoco con serlo basta porque hay gente joven que ya se ve muy madreada y tampoco tienen tanto atractivo.

Así que no sólo es verse joven, sino también serlo pero, si no puedes serlo, por lo menos mantén un físico que aparente menos edad o más atractivo a la que te corresponde. Al final, mi popularidad o atractivo se ven seriamente dañados por los "hándicaps" de mis status sociales, religiosos o de edad.

Pero hay detalles que no son tan obvios, que nos parecen irrelevantes por ejercerlos a diario, por lo que no nos damos cuenta de su repercusión en nuestra imagen, y me refiero al hablar. Tristemente para la mujer el asunto no es muy justo, porque este tema les pega más que al hombre (como casi todos). Si hablas como naquita, por más guapa y sabrosa que estés o por mucho que te arregles, sólo me viene a la mente "Aunque la mona se vista de seda, mona se queda" y casi nadie te va a buscar para algo serio.

El hablar burdamente es un signo inequívoco que tu nivel cultural es muy bajo. Y, por lo menos yo, no me imagino relacionarme de manera seria con alguien que hable de manera tan corriente, tan primitiva o poco refinada.

Se considera que las groserías, albures o demás expresiones masculinas son impropias de una fémina, por lo que, si una mujer habla de manera vulgar de inmediato se le restan puntos. Igual y resulta una curiosidad al inicio pero, a la larga, puede perder cualquier encanto que la pueda hacer atractiva.

No digo que las mujeres no tienen derecho a decir groserías, sólo no creo conveniente que sea parte de su vocabulario cotidiano. Ahora, es obvio que un hombre que habla como naco o con muchas groserías también pierde mucho atractivo, pero el daño no es tanto como el que lo haga una mujer (no me culpen, no escribí las reglas, sólo las analizo).

La manera de comportarte dice mucho de ti, porque una cosa es ser pobre y otra muy distinta comportarse como pobre. Me ha tocado atestiguar gente naca que se lleva las cremas, los jabones, los champús y hasta el papel sanitario de los lugares en los que se hospedan (y lo demás no se los llevan porque ahora se les cobra por la tarjeta de crédito). Gente que no tiene ninguna necesidad de hacerlo y, aunque la tuvieran, robar es algo muy mezquino. Por lo menos los pobres tendrían cierta justificación (y ni así se las paso), pero comportarse como uno sin necesidad alguna, es de lo más corriente que puede haber.

Y ahí radica el secreto de muchos, si no eres refinado por lo menos actúa como si lo fueras, en lo que te acabas de desarrollar. Ahí entran las benditas máscaras, nuestra carta de presentación ante el resto, mismas que determinan nuestro valor "nominal", aunque el "real" sea distinto.

Gracias a mis traumas me formé algunas máscaras, entre ellas las de crueldad y cinismo mismas que, por diferentes y políticamente incorrectas, los sujetos alrededor las admiran y celebran, lo cual me da cierta influencia sobre ellos, que no quiere decir que los tenga bajo control.

Pero para ser un desvergonzado y cínico hay que tener cierta gracia y algo de carisma porque, de no tenerlas, pasaras por un mentecato, imbécil y burdo que sólo obtendrá el odio generalizado. Aunque esa máscara no es parte de mi esencia vital, no puedo permitirme bajar la guardia, porque los tipos que tanto me celebran se me vendrían encima, porque no están acostumbrados a tratar con una esencia limpia y noble, como la que solía tener.

Y de las poses surge la política.

Si hay algo que odio en este mundo es la política pero, aunque me cague, he aprendido a jugar el juego. En el trabajo me paso tanto tiempo trabajando como haciendo relaciones públicas, miento, creo que me la paso haciendo más conexiones que mi labor en sí (misma que tengo muy dominada) ¿Para qué? Para lo que se ofrezca.

Y no sólo en mi departamento, sino en la mayor cantidad posible de círculos, por eso voy de traje; a la gente le encanta hablar con alguien bien arreglado, por ello te tratan distinto, mucho mejor que si fueras de jeans y playera. Aunque prefiero vestir así de cómodo, sólo lo hago en mi tiempo libre, porque al momento del Bussiness, la apariencia es vital, el poder de la vestimenta es enorme.

Si estás arreglado, limpio, bañado, zapatos boleados, peinado, perfumado y demás, el mundo es tuyo, ya estás predisponiendo a la gente para que te den un "Sí", es más, se mueren que les pidas algo para que te complazcan.

Pero la política se expande a todos lados, por ello me gusta platicar mucho con mi jefa, invertir unos 20 o 30 minutos diarios para compartir temas extralaborales. No les voy a mentir, mi jefa me cae muy bien, pero también soy consciente de lo importante de llevar bien la relación con los mandos superiores, cosa que se facilita mucho con ella, porque la admiro por ser una cabrona, astuta y que no se tienta el corazón cuando hay que tomar decisiones difíciles.

Aunque hago bien mi trabajo, uno nunca está exento de que haya que correr a alguien y si ella debe decidir entre mi persona y alguien más, ese tiempo invertido en nuestras pláticas en algo debe pesar, no digo que sea imposible que me despidan, pero sí digo que se le haría más difícil optar por mí.

Ahí está el meollo del asunto: el compromiso. Ese mendigo compromiso que pesa mucho, sobre todo en las sociedades latinas. Hace muy difícil que le niegues algo a alguien con quien compartes cierta complicidad (Desde partidos de fútbol hasta chismes en el pasillo e inclusive un cigarro después de comer). Pero es un juego muy sutil y fino, porque no te tienes que comprometer con todo el que se compromete contigo y viceversa. Hay gente muy astuta que logra engatusarte sin darte nada de fidelidad a cambio.

Me pasó muchas veces y ahora he aprendido a hacerlo, porque tengo mi estilo de comprometer a los demás pero no me gusta comprometerme con ellos ¿Cómo? A través de pequeños y constantes favores, que no sientan que los estás comprando, que reciban de manera constante. Pocas veces utilizo esos favores que me voy ganando pero, cuando los requiero, normalmente los obtengo sin cuestionar, porque les pongo difícil que me nieguen algo.

Y no necesitas darles algo tangible necesariamente, por ejemplo, sé escuchar pacientemente y sin juzgar, cualidad que me ha ganado el respeto, cariño y fidelidad de mucha gente, inclusive más que si les hiciera algún regalo o invitarlos a fiestas o comidas.

Así vas formando tu red de contactos, porque entre más personas tengas en ella, tendrás más opciones de solución cuando necesites algo. Una persona que se ve, que es conocida, es más factible que reciba ayuda que un perfecto desconocido (alguien gris y anónimo) al que solo conoces al momento que te solicita algo (situación que resulta incómoda y que limita mucho tu tasa de éxito).

Adelantándome un poco a la siguiente entrega, no sólo es pedir, también hay que aprender el cómo, y la seguridad que demuestres es primordial.

En una ocasión me tocó entrevistar a egresados de la Universidad para que hicieran sus prácticas profesionales en la compañía. La selección consistía en que los muchachos expusieran un tema frente a tres personas de la empresa. Lo que tomaba en cuenta y que, después, corroboré con mis compañeros, no era lo que decían los chicos, sino cómo lo decían. Y es que teníamos sujetos muy brillantes, pero que mostraban inseguridad, nervios y hasta miedo, por otro lado, teníamos chicos con resultados académicos menores pero que, a la hora de desenvolverse, se mostraban más seguros y confiados.

Tomamos a los más seguros, sin importarnos sus calificaciones previas en la escuela. Obvio nosotros también pasamos por ello en su momento, pero no nos importó, ¡eso ya es pasado! O sea que no vamos a mostrar empatía por un chamaco inseguro aunque tenga mucho potencial. Nadie, repito, NADIE de los que entrevistamos decimos "Pero este chico es bien buena gente, además de su capacidad superior", si no lo demuestra al momento de desenvolverse, no será elegido.

La gente en el mundo real no se va a apiadar de ti, va a elegir a la gente que cree más conveniente o que es más capaz en ese momento, no es lo que seas o tengas, sino lo que demuestras o vendes. Con esto no quiero decir que todos los ñoños son inseguros y todos los malandrines muestren aplomo. A veces hemos tenido la suerte que el chico más inteligente también muestra seguridad, y ahí la elección es inclusive más sencilla. No sólo hay que desarrollar la inteligencia cognitiva, también hay que cuidar la emocional.

Pero, como mencioné, ése es un tema tanto social como de actitud, así que hasta aquí dejo esta entrega para enfocarme en la actitud, en la última entrega de esta trilogía.

12 de Julio del 2015

Como te ven, te tratan (Parte 3 de 3: Actitud)

"Las personas dotadas de belleza física, y que explotan esa belleza para generar una presencia sexualmente intensa, tienen a la larga poco poder; la flor de la juventud se marchita, siempre hay alguien más joven y hermosa, y en todo caso la gente se cansa de la belleza sin gracia social." – Robert Greene

En una regla no escrita, pero por todos dominada, a las personas atractivas se les trata diferente, se les trata mejor, se les dan mejores oportunidades en cualquier aspecto. Consciente o inconscientemente todos caemos en ello. Pero, ¿y los que no nacimos guapos nos chingamos? No precisamente, es por eso que debemos explotar muchas otras herramientas que nos sacaran provecho y mostraran cualquier atractivo que tengamos. De ahí se deriva otra regla: A los que cuidan su apariencia se les trata mejor, ¿por qué? Porque irradian gusto por vivir, se ve que se quieren y uno quiere tener a esa gente cerca.

¿Qué tiene de malo ser atractivo? ¿Dónde está el pecado de sacar tu mejor cara? ¿Acaso está mal quererte? ¿Por qué no puedes ser tu mejor versión posible? Sin la visión de que alguien te acepte, lo importante es que te aceptes tú, y con ello llegará en automático la aceptación externa (y no al revés como muchos piensan de manera estúpida e ilusa)

Pero no sólo es estar buena o estar guapa, también es encontrar el estilo muy ad hoc. He visto mujeres que, técnicamente, tienen un buen cuerpo y son bonitas, pero se arreglan de manera muy corriente. Obviamente se te antojan, pero nada más para coger, en ningún momento una chica así te inspira para, siquiera considerar, una relación seria.

Por otro lado, he conocido mujeres menos atractivas pero que le sacan provecho al máximo a sus atributos así que, además de verse bien, resultan incluso elegantes. Éstas llaman más la atención que una chica que se ve corriente o barata. De hecho he conocido cuarentonas más atractivas, deseables y cuidadas que muchas veinteañeras que no le han aprendido a agarrar gusto a la vida o a su bienestar.

Soy afortunado, he tenido la oportunidad de conocer ciudades importantes como Múnich, Miami, Berlín, Las Vegas, Nueva York, San Francisco o Chicago, y ahí me he dado cuenta la importancia del cuidado y/o apariencia personal. Muchos lo usan para ser mamones y demostrar su supuesta "superioridad" a todos los que no son tan bellos o agraciados como ellos.

Pero, al hablar de dichos lugares, no sólo me llamaron la atención las atractivas o agraciadas, me resultó más impactante que hasta las menos atractivas, las más feas, pueden sacarse provecho y pueden generar un atractivo si mantienen un buen cuerpo, atienden su cuidado personal, higiene y lenguaje corporal. Hasta esas personas pueden hacerse de un nicho de atracción entre el público a su alrededor.

Da gusto ver personas que saben sacar lo mejor de sí, que saben mostrar su mejor versión, lo triste es que son muy pocas las que logran dominar ese arte. Es por eso que los naturalmente bellos resaltan más y es que, normalmente, se cuidan en todo momento.

Después de ver eso en el primer mundo y regresar al tercero en donde hay tanta gente sucia, gorda, desaliñada, con una postura corporal pésima y repulsiva. ¿Qué piensan? ¿Qué la gente va a compadecerse y decir "¡Ay! ¡Pobrecitos! Así de feítos nacieron y merecen cariño"? ¡NO! ¡Ni madres! Así son y así escogieron ser, pudieron haber desarrollado una versión mucho más atractiva de sí mismos y optaron por no hacerlo.

Pero como el mundo, la naturaleza, el universo o la vida fueron injustos con ellos, al no dotarlos con un cuerpo o cara perfecta, una personalidad carismática o algo atractivo en su miserable ser, entonces se retuercen en su podredumbre para ver si algún alma caritativa los acepta tal cual son. Seguramente van a encontrar a alguien tan bueno (o tan bruto) que los acabe aceptando; pero no es lo mismo conformarte con lo que queda, en lugar de tener todo un abanico de opciones que se te abre cuando incrementas tu atractivo.

No es necesario nacer atractivo para serlo. Tal vez ella lo sepa, tal vez no, pero la novia de un amigo que, a simple vista se ve bastante ordinaria, algunos dirían fea, tiene una forma tan sexy de arreglarse, sin tener que caer en límites corrientes, por lo que se te antoja penetrarla de inmediato (yo lo haría con mucho gusto).

Además de ella, he conocido féminas que sé no son tan guapas como otras, no tienen el cuerpo de otras, es más, ni siquiera son tan amables como otras pero tienen una seguridad brutal y una actitud de perdonavidas que no puedes evitar voltear cuando pasan, y también se llegan a armar esa aura de belleza que no te puedes resistir.

Aunque muchos nacen con esa aura, también he corroborado que se puede ir armando. Por ejemplo, cuando corro, si voy derechito y con la cabeza en alto viendo hacia adelante, no importa que vaya a paso de abuelito, los que me ven dicen que impongo por seguro, que aparento estar en control de la situación, y por ello no notan lo lento que me traslado. De hecho, corriendo así, me siento más pleno y mucho mejor que si lo hiciera viendo hacia abajo y jorobado, sin importar lo rápido que pueda ir.

Esto demuestra que la actitud es un porcentaje muy grande del atractivo, sin importar cuál sea tu realidad, y me caga admitirlo pero, conforme a esta sociedad, a veces es más importante cómo te perciben de lo que en realidad eres.

En la oficina hay una chica bonita pero que está excesivamente flaca. En otras circunstancias ni siquiera repararía en ella pero su caminar lo es todo: se desplaza con tanta elegancia y gallardía que es imposible no notarla, todo por la seguridad y actitud con la cual se traslada, ¡sólo por eso!

La contraparte se sienta frente a ella. Tal vez no esté tan bonita pero, de cuerpo, está mejor que su vecina (aunque tampoco es un gran logro). Su problema es la actitud que proyecta al caminar encorvada, con la vista baja y con un lenguaje corporal que grita a los cuatro vientos "¡Por favor! ¡No me vean!".

La segunda se podría llevar de calle a la primera en cuestión de atractivo pero, por la simple actitud, la realidad es totalmente contraria, en donde la flaquita se lleva toda la atención, mientras que la otra es casi invisible.

El caminar es un tema recurrente en las féminas, sobre todo las que usan tacones. Por ejemplo, si no saben usarlos, ¡practiquen antes de salir a la calle! Por más atractivas que se arreglen, todo se demerita si están caminando como Bambi recién nacido, o si chanclean o si caminan con las piernas abiertas. Pagarse un curso de personalidad no es una mala idea en estos casos, incluso ir a clases de Salsa, Jazz o Tango ayuda horrores.

La seguridad con la que caminas es primordial, ya sea que te vayas temprano del trabajo o ingresando a lugares a los que no deberías entrar, si caminas con seguridad, pareciendo estar decidido de saber a dónde vas, seguramente nadie te va a detener, es más, hasta el paso te van a ceder.

En el pasado Súper Tazón me enteré de un caso de un par de británicos que, al no conseguir boletos para el partido, se pusieron muy chulos, y caminaron con extrema seguridad y naturalidad por el ingreso de gente VIP. Los vieron tan seguros y con tanto aplomo que NADIE se atrevió a detenerlos, así que nadie se dio cuenta que no tenían acceso alguno, así que vieron el juego más grande del año de manera gratuita ¡Todo por su actitud!

Tal vez suene muy básico, pero en verdad la forma de caminar, la postura y, en general, el lenguaje corporal que uno maneje hace un gran diferencia en el atractivo que uno genera hacia los demás.

En otro departamento hay una chica gordita (y sí está pasada por unos 15 o 20 kilos). Pero se arregla y viste sexy (sin llegar a lo corriente), además tiene una actitud muy segura. Aunque tengo un prejuicio contra los gordos (como el resto de la sociedad), en ocasiones se llega a arreglar tan bien que me digo "¡Vaya! Igual y sí me la cogía. Es más, con unos 15 kilos menos, hasta me casaba con ella". Sin duda alguna, la actitud cuenta más que el físico mismo como parte del atractivo.

La actitud es tan importante, o inclusive más, que los aspectos tangibles (como belleza o posesiones), y lo voy a ejemplificar de la siguiente manera: Si alguna vez le han echado una cubetada de agua al WC, sabrán que importante tanto la cantidad del líquido como la fuerza con la que se vierte. Podrán tener una cubeta de 10 litros a tope pero si la echan con toda la tranquilidad y parsimonia al excusado, va a ser difícil que se vayan los desechos, es factible que lo hagan, pero por tanta agua. Sin embargo, con la misma cubeta, sólo llegan a tener unos tres o dos litros PERO la avientan con fuerza (actitud) de que se va ¡se va!

Lo mismo ocurre con las personas, habrá algunas que podrán estar a tope de cualidades remarcables en su ser, sin embargo, se van dosificando, mostrando de a poco de lo que son capaces (si es que lo muestran), comportándose de manera insegura lo cual demerita todo lo bueno que puedan tener, por lo que uno puede pensar "Eres una gran persona pero, honestamente, me das tanta hueva que me vale un reverendo pepino si eres un excelente ser humano".

Por otro lado, hay quienes tienen muy poco que ofrecer pero, te lo venden como si fuera una maravilla, con una actitud muy segura y firme, es más, es claro que carecen de muchas aptitudes pero, con la actitud mostrada, te acaban atrayendo, sin importar que sepas que no es la más guapa, la más inteligente, la más sabrosa ni si quiera la mejor persona pero ¡me vale madre! Porque esa actitud me atrae.

Ahora, tampoco voy a mentir, a veces una buena actitud no te traerá el amor y aceptación de los demás pero, por lo menos, te traerá algo de respeto y no te molestaran tanto. El ejemplo perfecto es Tyrion Lannister, el Enano de Juego de Tronos.

Al ser un enano deforme, es en automático el blanco perfecto para la burla o desprecio de quienes lo rodean ¿Y qué hace Tyrion? Ser mordaz, ser sarcástico e inteligente, sacarle provecho a las circunstancias y no amilanarse ante cualquier situación. ¿Esto lo hace amado? En la historia no lo es, aunque fuera de ella es súper popular. Si Tyrion se transportara a esta realidad, la reacción a su físico sería la misma que en el Universo que habita.

PERO, aunque Tyrion no sea amado, la gente se lo piensa dos veces antes de meterse con él, inclusive hay quien lo llega a respetar, y eso es mucho más que el papel de Bufón o Paria al cual estaba destinado por su físico, destino que comparten el 99% de los Enanos en su Universo (y un porcentaje similar de los de nuestra realidad). Y cuando digo enanos, no sólo me refiero a los físicos, sino a los psicológicos y sociales.

La actitud es tan importante que ni tu físico te puede salvar si no la tienes.

Es raro el caso, pero puede haber personas que se vean bien, se arreglen bien pero si la actitud es muy barbera, complaciente, zalamera y ofrecida con el fin de intentar agradarte todo el tiempo, lo único que logran es el rechazo. Al inicio, por su atractivo superficial, te puede agradar la situación (a todos nos gusta ser cortejados por personas atractivas) pero, con el tiempo, te llegan a cansar y terminas por detestarlos. Sin importar lo bien que se vean, la actitud encimosa y agobiante mata cualquier atractivo que puedan ofrecer, por lo que los descalificas y los evades.

Siempre es deseable darse un poco a respetar, no digas siempre "Sí" a la primera, de vez en cuando suelta un "No", un "Tal Vez" o no respondas de inmediato. No pongas las cosas tan fáciles, porque si te vuelves alguien tan accesible la gente ya da por asegurada tu presencia o cooperación, lo cual hace que pierdas interés, te deprecias, te abaratas. Hay ocasiones en donde debes dar una negativa (en especial cuando todos dan por un hecho que vas a decir que "Sí") también es sano que la gente alrededor tuyo se enoje de vez en cuando, por lo que van a valorar cuando digas "Sí".

De igual forma, no ofrezcas tu ayuda tan fácil, ¡que la pidan! Porque si vas de ofrecido a cualquier lado que te necesiten, se va a volver una obligación y nadie te lo va a agradecer. Es difícil, vaya que lo sé, pero en ocasiones hay que dejar que la gente se ahogue tantito y hacernos los desentendidos, aunque los podamos ayudar, y dejar que sean lo suficientemente humildes para solicitar nuestro auxilio.

Sin tener que haber nacido guapo, en esos pequeños detalles uno puede forjar un atractivo mucho más profundo en la psique de quién nos rodea. Porque lo fácil aburre y hasta asco da, y lo exclusivo es codiciado, por lo que hay que darnos nuestro valor, que a los demás les cueste "obtenernos" que no seamos una garantía con patas.

"Si eres fácil de conseguir, no puedes vale gran cosa" – Robert Greene

Cuando era más joven criticaba, con apasionado sentimiento, a toda esa gente que cuidaba la pose, el estilo, la pulcritud, la apariencia, el olor y demás, tachándolos de superficiales o vacuos (y muchos de ellos en realidad lo son).

Recordé esa manera de pensar mía al entrar a un restaurante, en donde vi a una familia en donde todos estaban jorobados, caminando como patitos, mal arreglados y sin porte alguno, sin elegancia. Y son esos momentos los que me hicieron cambiar de opinión respecto a los aspectos que antes criticaba. Tristemente cuenta mucho el cómo te arreglas, cómo te perciben los demás y lo que proyectas hacia el exterior (aunque por dentro seas una mierda de gente).

El problema con esta postura es que muchos se han enfocado tanto en lo que proyectan que se les olvida cuidar lo que llevan dentro, eso ya depende de cada persona, de acuerdo a sus prioridades, valores y principios, así que sólo puedo compartirles de lo que he aprendido sobre la parte de afuera que es la más fácil (por fortuna la de adentro, que es la más difícil, la he desarrollado desde muy joven).

Obviamente la belleza que tienes pesa mucho pero, en ocasiones, pesa más cómo la muestras. Recientemente, haciendo Rafting, me encontré con una chava que no era nada espectacular, pero que vestía muy sexy, y se sacaba provecho, de hecho llamaba más la atención que otras chicas más guapas pero más recatadas al momento de arreglarse. Pero la otra se ponía ropa ajustada, como shortsitos o tops, que se te clavaba en el inconsciente que estaba bien buena. Ciertamente sí tenía buenas piernas pero, la impresión que daba, era mucho más impactante de lo que en realidad era.

Sin duda es más atractivo estar con gente joven sobre todo si es bella y/o atractiva, pero no es el único medio para lograr dicha atracción por parte de los demás. En mi clase de baile hay puras mujeres, la mayoría jovencitas, y dos señoras que están a mediados de sus 40.

Una de las señoras tiene una actitud jovial, además de que tiene un físico atractivo, lo cual hace muy agradable estar cerca de ella. En el caso de la otra señora, aunque es buena gente, su físico está más deteriorado, por lo cual no resulta atractiva, ni para mí ni para el resto de chicas, por lo cual es segregada naturalmente.

Así que, aunque se te acabe la juventud, eso no es razón para descuidarse y, aunque no te haya tocado un físico atractivo, puedes cuidarte y esforzarte por explotar tus cualidades y dar la mejor versión de ti. El desinterés se lee rápidamente y ese tipo de gente no atrae a nadie, al contrario, la aleja.

En este mundo de apariencias, por desgracia, cuenta más lo que muestras que lo que eres, así que de ti depende la aceptación de los demás, no al querer agradarles, sino brindar tu mejor versión para que quieran estar contigo, ya es tu decisión si quieres aceptar su compañía o no.

12 de Julio del 2015

El onceavo mandamiento: No engordaras.

Va una chica obesa gritando "¡Suben!" detrás de un
transporte público que está detenido, el chofer se hace el
desentendido y arranca, ocasionando que la gordita corra y grite en
vano. ¿Cuántas veces he visto la misma escena, pero con distinto
final dependiendo de la complexión de la involucrada?

Les puedo decir que, hasta el día de hoy, nunca he visto un
chofer que deje sin subir a una fémina atractiva, de igual forma, casi
siempre dejan a la gordita o, en el mejor de los casos, la hacen correr
un buen tramo antes de que pesque el camión y se suba muy agitada
por la carrera.

Nunca, pero léanme bien, NUNCA voy a volver a ser obeso.
Prefiero morir antes de volver a ser una bolita de grasa, por lo mismo
he puesto en riesgo mi bienestar, con tal de no engordar. Tal vez les
parezca exagerado pero pregúntenle a alguien que haya estado
marrano una buena cantidad de años antes de bajar de peso y verán
que comparten mi postura (aunque tal vez no con la misma
vehemencia). Porque una vez que experimentas el trato digno de
estar en forma, ya no quieres retornar al pasado.

Aunque no esté en los diez mandamientos, "No engordarás"
es una consigna muy importante en esta sociedad visual y superficial,
y uno de los más graves que puedes desobedecer, porque la pena que
ello conlleva es, en ocasiones, implacable.

La sociedad es cruel si engordas, siempre serás objeto de
críticas, señalamientos, burlas y acoso. ¿Cómo es que lo sé?, porque
gran parte de mi existencia fui un mocoso regordete del cual era muy
fácil burlarse.

Y aquí sí juega en contra la atención que tengas porque, entre
más popular seas, mayor será la atención que atraigas si te atreves a
subir de peso. Tenemos el caso de Luis Miguel, el cual solía ser todo
un Símbolo sexual; después de unos años de descanso, se le ocurrió
engordar y salir al público con esos kilos de más ¿El resultado? Fue
masacrado, no sólo por los medios, sino por la opinión pública.

Claro, a él le vale un reverendo rábano porque está podrido en dinero y puede pagarse los lujos, mujeres y a los lambiscones que desee pero ¿y los gorditos que no tienen la plata para comprar la aceptación externa? Pues esos se joden y sólo les queda de dos caminos: bajar de peso o aprender a defenderse (además de ser muy pacientes) por el acoso constante que van a recibir mientras se mantengan como chanchitos.

Se oye muy bonito eso de que todos somos iguales pero, en el fondo, sabemos que no es cierto porque, además del dinero, status, influencias, altura, atractivo, juventud y demás factores, el que estés o no gordo, merma tu aceptación social. En verdad debes de tener muchas otras cualidades para anular esta regla aun estando obeso porque, normalmente, entre más gordo, menor es tu valor o el respeto que generas.

A menos que tengas una personalidad brutal que resalte más que tu peso, a lo más que puedes aspirar es a ser el "Gordito chévere". Y es que a falta de atractivo físico, debes prodigar tu atractivo personal, así que no te queda otra que ser buena gente, para tener algo bonito en su ser.

¿Qué tan tatuada tenemos la creencia de estar delgado es igual a ser atractivo? Una de mis compañeras de trabajo en alguna ocasión me compartió que cuando se sentía gorda también se sentía fea. Y es que el sentirse menos atractiva en automático afecta tu autoestima (o viceversa).

Eso mismo se refleja en diversas ideas que tomamos como irrefutables. Ejemplo de esto, otra amiga comparte conmigo una creencia algo estúpida pero reconfortante (y no dudo que otros coincidan con nosotros): cuando tenemos diarrea somos felices ¿Por qué? Pues cada vez que defecamos perdemos peso aunque, en realidad, sólo nos estemos deshidratando pero, ilusamente, nos sentimos bien por esa sensación de ir adelgazando. De hecho, cada vez que voy a cagar me siento muy bien por el lastre perdido, al grado de sentir orgullo si la cantidad es considerable.

Nadie lo dice abiertamente pero hay un hecho que todos sabemos y ejercemos: nadie te desea si estás gordo, por lo menos no de primera instancia. Ves los anuncios, la publicidad, en los cuales siempre hay cuerpos deseables, esbeltos, en forma, además de gente guapa. Hemos diseñado un mundo en donde sólo los guapos, ricos o poderosos tienen voz y voto. Aunque si no eres rico ni poderoso pero eres joven y atractivo ¡ya chingaste!

Hay un hecho que me da mucha pena admitir, pero no por ello deja de ser verdad. Si la mujer que me robó la cordura hace tres años (Sobre la cual escribí el libro "La Musa que no se quedó") hubiese estado gordita, a pesar de todas las cualidades que tuviera, es muy factible que no me le hubiera acercado (aunque uno nunca sabe). Incluso, si ahora la volviera a encontrar pero con obesidad, seguramente no me llamaría la atención y eso, hasta donde sé, aplica para el resto.

Conectando el atractivo y la publicidad, cuando voy corriendo, he notado que incremento el paso cuando veo anuncios de mujeres exquisitas, que muestran su forma física envidiable, por lo que me digo "¿Quieres una mujer así? ¡Ten un físico acorde a ella!" e incremento mi ritmo aunque eventualmente acabe volviendo a mi paso semilento, pero el mensaje está ahí "No te queremos obeso, sólo si estás en forma eres atractivo".

El estar bien físicamente, manteniéndote en una forma saludable te proporciona un status superior a los menos atractivos. Los humanos solemos ser muy elitistas en cada aspecto posible (económico, cultural, creencias, social, académico, político y, sobre cualquier otra cosa, en lo físico). Por lo que tener un exterior bello te da un status superior a los que no lo tienen (o sea los gordos, los feos, los chaparros, los deformes, etc.)

Sé lo que se siente que te acosen basado en tu obesidad: durante muchos años fui el gordito cagado al que todos molestaban ¡y ni madres que voy a volver a ser un cerdo! Inclusive soy capaz de poner en predicamento mi salud con tal de no engordar. Tal vez no esté delgado, pero estoy fornido y aparentó menos años de lo que en realidad tengo para ser más atractivo, importante, y así ser tomado en cuenta y que me quieran. Aunque suene estúpido, lo ridículo es que ¡funciona!

Algo más de la discriminación que significa estar gordo lo ejemplifico con una situación en el trabajo. Tengo una compañera que ya está en sus 40's pero se sigue vistiendo como si tuviera 20 años menos y resulta un espectáculo bastante desagradable.

Su problema no es la edad sino el peso ¿Cómo lo sé? porque tengo otras dos compañeras de su generación que son muy disciplinadas en sus dietas y ejercicios, así que ambas están muy apetecibles y también se visten igual de juveniles.

La que está gorda se ve ridícula al usar falditas, tops y pantalones a la cadera, lo cual da un show bastante patético de presenciar, porque su panza sale a relucir, no tiene figura y, para colmo, tiene las patas flacas y el culo gordo. Mientras que las otras dos, visten el mismo estilo, pero a ellas sí se les ve muy bien la ropa, y de inmediato sueñas con fornicártelas por lo apetecibles que se ven.

¿Acaso esta tipa no se da cuenta de lo mal que se ve? ¿A quién trata de engañar? ¿A ella misma? Cuando eres obeso debes ser consciente de tu apariencia, no me opongo a que te saques provecho pero el nivel de tolerancia al ridículo es casi nulo para ti. Cuando era un puerquito, vestía bastante discreto para no llamar la atención y no propiciar más acoso del que ya recibía por dicho concepto.

Ahora que tengo un cuerpo más atlético utilizo ropa más ajustada y llamativa y ¿saben qué? ¡Son todo un éxito! Porque tengo musculo que mostrar y no hay lonjas notorias que afeen el panorama. Pero ésa es una prestación a la que sólo tienes acceso si estás en forma, porque si estás anoréxico o como cerdo, será una invitación para ser burla pública.

Obviamente por la juventud también se te perdonan muchas cosas pero, si ya no estás tan joven, debes tratar de cuidarte porque, al estar en forma atractiva, casi tienes un efecto y una inmunidad similares a las que gozaste en tus años mozos.

En el departamento tuvimos una chica alemana muy bonita como practicante, se llamaba Fenja misma que, además de atractiva por fuera, era muy linda por dentro: un amor de mujer. Cuando se fue, vino otra en su lugar, cuyo nombre no recuerdo, pero sí su apodo: Fiona (haciendo alusión a la pareja de Shrek). Aclaro que nunca le dijimos su apodo, porque no éramos TAN malos.

Fiona también venía de Alemania, pero estaba gorda y resultaba desagradable. Igual y era una excelente mujer, pero nadie se tomó la molestia de averiguarlo, ¿por qué? Porque a nadie le interesaba conocerla.

Ésa es otra desventaja de no ser atractivo: Tienes que hacer los primeros movimientos para que te conozcan, ya que normalmente a nadie le nace aproximarse a ti. Cuando tienes un exterior atractivo, a la gente le interesa acercarse. Si no lo tienes, si quieres tener contacto social, tú te debes acercar a la gente.

¿Éramos malos por no acercarnos a Fiona? Probablemente ¿Nos importaba? ¡Para nada!

Hay una discriminación muy marcada a todos los niveles por ser gordo: deportiva, cultural, social, familiar, laboral y la que me digan. Cuando estás obeso te deprimes y, lo que es peor, a nadie le interesan tus sentimientos. ¿Qué más motivación quieren para bajar de peso? ¿Acaso no les importa ser invisibles? O, cuando te ven, es para burlarse de ti (ya sea de manera privada o abierta).

Y ahí empieza el círculo vicioso porque, ante el acoso y/o falta de aceptación, empiezas a encontrar refugio y consuelo en la comida, lo cual no ayuda al sobrepeso y, lo que es peor, incrementa la mofa del resto hacia ti, así que procuras darte tus atracones en privado.

Mi problema es que me encanta comer, pero odio estar gordo, así que mi vida es una lucha constante entre satisfacer mis placeres (tragar como marrano) y mantener un status en el que sea deseable (tratar de no ser un porcino). Es por eso que no es mi máximo placer hacer ejercicio excesivo, tomar tecitos o medirme al momento de comer, sin embargo, lo hago.

A veces me da TANTA flojera levantarme temprano para hacer ejercicio que, cuando mi mente está a punto de negarse, hay una razón infalible para evitar que eso suceda: "Es el precio para no volver a estar gordo" me digo y, por arte de magia, me levanto sin chistar y hasta apresuro el paso. Porque si algo ya no voy a volver a ser un cerdo, preferiré siempre estar muerto que volver a estar obeso.

Si tuviera un supermetabolismo, ¿en verdad creen que haría ejercicio? ¡Para nada! Me la pasaría tragando todo el tiempo, leyendo, escribiendo o cualquier otra cosa más placentera. Me gusta hacer ejercicio, no lo niego, pero disfruto más comerme un kilo de carnitas viendo un partido de NFL.

Pesarme siempre será para mí una motivación para bajar de peso, pero también un suplicio, por eso no lo hago tan frecuentemente. Si peso mucho, de inmediato me entra la angustia de "¡Necesito bajar de peso! ¡No debo ser un marrano!" y ahí revivo todo el acoso que sufrí por ser un chanchito. Tampoco importa si bajé de peso, porque sólo me digo "¡Sigue bajando para ser atractivo! ¡Para que te respeten y te acepten!"

Eres el objeto de burla por ser un marranito, un puerquito, una bolita de grasa, una ballenita, una pelotita y tantos y tantos apodos que recibes por ser una esfera de cebo hedionda y despreciable.

Ojalá las burlas se limitaran a tu círculo social, pero no es así, porque eres motivo de mofas de gente que ni te conoce. Si vas a ocupar algún asiento en un espectáculo, un transporte o en un evento social, todos se te quedan viendo y empiezan los chistes "¿A ver cómo entra esta bola de manteca ahí?" "Pobre silla, lo que ha de sufrir al tener que cargar a tremendo paquidermo". Y si, de casualidad no entras en el lugar o se rompe la silla, las carcajadas no se harán esperar y será un episodio que te recordaran el resto de tus días (y con las redes sociales, la información ahora se propaga rápido).

Cuando un gordito va al gimnasio, merece mis respetos, porque ha iniciado un cambio. Pero no siempre eres igual de empático con ellos. Recientemente iba subiendo un cerro bastante empinado, no requería equipo especial, pero sí buena condición. En mi trayecto, rebasaba a muchas personas, mismas a las que les das ánimos para que continúen. Pero, cuando te encuentras con un gordito, aunque le demuestras el mismo apoyo, por dentro te causa cierto desprecio, lástima, gracia o demás reacciones "negativas" (para la víctima, claro está).

Encontrarte a alguien obeso en automático te despierta ese sentimiento de desprecio porque lo consideras alguien inferior. Ese sentimiento se incrementa cuando los oyes respirar con dificultad tras un poco de actividad física cotidiana (como subir escaleras).

Es obvio que con todo ese peso extra te vas a agotar más rápido, además de ir más lento. ¿Han escuchado el molesto jadeo de una persona con sobrepeso? Es en verdad algo enervante, no sé a ustedes, pero a mí me enoja de inmediato. ¿Qué me molesta? Su debilidad, su negligencia, su falta de amor propio.

Cuando era gordito, en la secundaria, no pude terminar una carrera de 500 metros ¿saben las burlas que soporte de TODA la escuela? Fueron interminables y atemporales, porque cada vez que tenían oportunidad, me lo recordaban. Y no los culpo, es difícil inspirar respeto cuando das esos espectáculos tan despreciables.

Todas esas vivencias las tengo muy presentes y me sirven de motivación. Por eso, llega el día en que te haces consciente de la situación, te comprometes contigo mismo para bajar de peso y, cuando lo logras, en automático mejora tu calidad de vida y, por ende, tu humor.

Recientemente, por cuestiones de salud, mi jefa empezó a adelgazar y, al mismo tiempo, su temperamento empezó a tornarse más dulce. No es que fuera una cascarrabias o gruñona, pero tenía su carácter. Desde que bajó brutalmente de peso, su humor ha sido toda una delicia. Cuando le hice notar el hecho, ella me respondió "¿Sabes? ¡No lo había notado! Supongo que el hecho de ya no estar gorda disminuyó mucho mis razones para estar de malas y me incrementaron las de estar feliz".

Dentro de todas las ventajas de ser "normal" (si es que alguien en realidad lo es), o sea, que bajaste de peso, es sentir la auténtica admiración de alguien que no te reconoce en primera instancia "Hebert ¿Eres tú?" Esa sensación no tiene precio, y te sientes como el ser más impresionante del mundo.

Pero ése es el inicio de todo porque el que te inviten a fiestas, a salir, a bailar, al cine o simplemente tomar un café, en resumen, que te tomen en cuenta después de tantos años de ser una paria social por tu físico no tiene precio y es suficiente razón para adelgazar y no volver a ser un cerdo.

No puedes culpar a la gente por segregarte ya que cuando estás obeso, por la misma grasa, falta de actividad y alimentación, hueles mal, hueles rancio, peste que se incrementa potencialmente cuando llegas a hacer ejercicio, lo cual no ayuda a su causa de ser aceptados por la sociedad en general.

Recientemente iba volando a Miami, nunca me había tocado hasta adelante en los vuelos, así que pude ver todo el tiempo a la Azafata, misma que estaba bien apetitosa, en verdad estaba anonadado. Mi visión era interrumpida esporádicamente por alguna que otra gorda nefasta que pasaba al baño. La diferencia abismal entre ver a una chica naturalmente sabrosa y ver a una gorda hedionda y desagradable que no demuestra amor propio. Es natural que el mundo relegué a los gordos, porque son antiestéticos y despreciables por la nula autoestima que tienen.

Como deportista y bailarín, me fijo instintivamente en la forma de caminar, ya que los que lo hacen como patito (Con los pies hacia afuera) son las que no practican ninguna disciplina física y, por lo regular, carecen de condición. El ver a un(a) gordo(a) hediondo(a) caminar resulta muy repulsivo, ya que además de hacerlo como patito y que les tiemblen las piernas por la grasa, caminan peor ya que están tan obesos tienen que abrir más las piernas porque su mismo volumen les impide desplazarse con comodidad y de manera estilizada, dando un espectáculo grotesco.

El tener tremenda barriga es antiestético, ver una protuberancia que sobresale de tu cuerpo nunca es agradable, bajo ninguna circunstancia. Desde nuestros instintos, los humanos somos muy dados a calificar el atractivo o deseabilidad de alguien a través de lo que vemos y, en definitiva, una panzota no es algo lindo de ver (mucho menos de tener).

Conforme vamos ganando años y se nos va acabando la juventud, somos muy dados a romantizar de tiempos pasados en donde (casualmente) éramos jóvenes y "esos sí" eran buenos tiempos. Aun reconociendo dicho efecto, tengo la impresión, que hace unos 30 años no se molestaba TANTO a los gordos.

Obvio el tener sobrepeso siempre será un motivo de fácil burla, pero antes no se hacía con la violencia y animadversión que se hace en la actualidad. Antes era aceptado y normal tener algunos gordos dentro de la configuración social, aunque también es cierto que no eran tantos como ahora. Pero la humanidad actual es increíblemente más hueca y superficial, por lo que el físico ha tomado un papel aún más importante del que había tenido históricamente.

Es por ello que la cacería de brujas contra gordos, feos, chaparros, deformes y demás seres que no cumplen con lo mínimo indispensable de la belleza física, se ha vuelto implacable.

¿Por qué odio a los obesos? Porque me recuerda el odio que tenía hacia mí mismo. El gordo no se quiere, no se ama y, por lo mismo, no se cuida. No es consciente de lo asqueroso y antiestético que resulta. ¿Se me nota la animadversión a la obesidad? Igual y es cierto pero ¿alguien podría decirme alguna ventaja de estar gordo? Dudo que haya alguna.

26 de Febrero del 2016

Pretendamos que somos libres de opinar.

No sé por qué me sigo molestando en hacer este tipo de escritos, si la estupidez (e incongruencia) humana es infinita y, por más que escriba al respecto, nunca va a cambiar. Pero en fin, seguiré haciéndolo porque no me puedo quedar callado cuando hay situaciones tan obvias y groseras.

Me queda claro que la vida humana no vale lo mismo entre sus integrantes ya que, dependiendo de tu raza, nacionalidad, estatus social, edad, género, preferencias sexuales y demás, ciertos individuos valen más que otros. Y es que dependiendo de apariencias, modas, ideas, intereses políticos, religiosos, sociales o culturales, de pronto ciertas personas se tornan más importantes que otras, por así convenirle a ciertos círculos del poder.

Sin embargo, durante este escrito, vamos a omitir ese hecho válido en el mundo, que nadie admite pero que todos saben, y voy a redactar sobre la base que todos los seres humanos somos igual de valiosos.

Matanza en Orlando

Vamos por partes, se mueren 50 gays en Orlando durante un tiroteo y el mundo se desvive en hacer programas especiales, fundaciones y tendencias que dicen "Recen por Orlando" "El mundo se está acabando" "¿A dónde vamos a parar?".

A ver, primero el hecho de que te recalquen que eran gays, ya empieza a ser un hecho discriminatorio. Deberían decir que se murieron 50 personas, sin importar sus tendencias o características físicas. Es como que al recalcar que eran gays, su muerte se hace más dolorosa o importante que se hubieran muerto otro tipo de personas. Y desde ahí te queda claro que hay humanos más preciados que otros.

Por ejemplo, un par de semanas después una cantidad similar de gente pereció en un atentado en Somalia y a nadie le importó, sólo se mencionó en notas de relleno, en pies de página, nadie se indigna, nadie hace fundaciones y casi nadie lo menciona.

Diariamente cientos (si no es que miles) de personas mueren en el mundo, con una violencia similar o peor, que los que lo hicieron de la Disco Pulse en Orlando pero, como no son gringos, a nadie le importa "Ya deben estar acostumbrados, en sus países hay muchos pedos pero ¿Qué nos pase a nosotros? ¡Eso sí es una tragedia!" Es la lógica que hay detrás de estas reacciones desmedidas (por lo exageradas que resultan unas y lo casi invisibles que resultan otras).

Volviendo a Orlando, Disney anuncia que va a donar un millón de dólares, la NFL $400000 USD y todo para un fondo para las víctimas y sus sobrevivientes. Entiendo que un loco entró a matarlos sin razón aparente, entiendo que nadie merece morir tan violentamente y acepto que eran gente que no esperaba partir ese día; pero ¿Cómo para qué un fondo para ellos? ¿Acaso no tienen un seguro de vida? ¿Por qué no hacer un fondo por otros muertos y desaparecidos? Ya no digamos alrededor del mundo, porque sabemos que les valemos madre, dentro de Estados Unidos ¿Por qué nadie hace el fondo para los indigentes muertos? ¿Las víctimas de injusticias policiacas? ¿Los esposos golpeados? ¿Hijos abandonados de inmigrantes deportados? Y demás causas más urgentes.

¡Aaahhh! Porque es el tema de moda y esa donación me significa publicidad gratis, además de que me veo bien ante el resto del mundo, y lo deduzco de impuestos (negocio redondo). Pero ¿en verdad les interesa la muerte de los gays? ¡Obviamente no! Aquí lo importante es que parezca que les afecta, que les consterna, que afecta sus sentimientos, cuando todo es un movimiento mediático que les sirve a sus intereses.

Sin embargo, lo mustio va más allá, porque habrá gente que realmente lo lamente y habrá quien haga chistes de ellos, como los mexicanos, que somos especialistas en reírnos de las desgracias propias y ajenas. Debido a esa actitud irreverente nuestra, corrieron a dos burócratas en Jalisco por hacer comentarios homofóbicos, deseando que hubieran sido más los gays fallecidos y no sólo 50.

Venga, somos muchos los que hacemos mofa de temas políticamente incorrectos, lo tonto de su parte fue hacerlo en redes sociales, aunque tenían derecho de expresarse a favor o en contra. Pero ahí está el meollo: unos tienen derecho de salir de locas en sus desfiles y gritar al mundo lo putos que son, pero los que no estamos a favor (que no quiere decir que estemos en contra), ya no podemos expresarnos porque seremos tachados de intolerantes y homofóbicos. No eres libre de expresar tu sentir porque la censura pública te va a limitar y, lo que es peor, hasta corres el riesgo de perder tu trabajo por gente que murió ¡en otro país! (Hasta qué grado llega la incongruencia y/o pendejez humana).

Esto nos demuestra que no tenemos los mismos derechos, porque está bien que una bandada de gays se exprese en una marcha en la ciudad de México y todos los apoyan (por lo menos de dientes para afuera). Pero si te atreves a hacer una marcha en contra de ellos, en contra de que adopten o cualquier cosa que se oponga a sus intereses, serás tachado de represor, intolerante, homofóbico y demás.

Personalmente estoy a favor que se casen y tengan los mismos derechos y obligaciones de una pareja heterosexual, sin embargo me opongo ROTUNDAMENTE a que adopten niños, me parece un acto violento y en contra del sentido común que se les permita tal aberración. Ellos ya son adultos y pueden hacer con su vida lo que quieran, pero darle en la madre a un niño al darle dos "papás" es algo inadmisible.

Los niños aprenden del 90% de lo que ven y sólo el 10% de lo que escuchan. En el inconsciente del chamaco va a haber una idea "Quiero un hombre bueno como el de mi papá", y aunque sea heterosexual de nacimiento, las ideas homosexuales lo van a invadir. Esto sin mencionar a toda la censura social de tener dos papás. Definitivamente eso no me parece correcto.

Al final los homosexuales son una desviación de la naturaleza, y no estoy mintiendo, ya que estamos diseñados para que el hombre copule con la mujer, no con otros hombres. La homosexualidad siempre ha existido en la humanidad, pero sigue siendo una desviación, como la gente que nace sin un píe, sin un brazo, sin cerebro, con seis dedos y demás.

El problema es que a últimas fechas se han ido multiplicando, por la naturaleza misma ¿Cómo es esto? Cuando la población sobrepasa los límites óptimos, la naturaleza empieza a generar más individuos homosexuales, a generar comportamientos más violentos entre sus integrantes y otras medidas para reducir la cantidad excesiva. Por eso hay locos como el que entró a ese antro Gay a matar a medio centenar de personas.

Y por expresar todo esto, aunque sea verdad, seré tachado de homofóbico e intolerante, y tal vez tengan razón, pero creo en la verdad de mis argumentos, además de que el sentido común y los hechos científicos me respaldan. Pero nada de eso importa, lo importante es que aparentemos que es natural ser homosexual y, lo que es peor, que es hasta deseable serlo porque es "cool", una estúpida idea que cada vez empieza a tomar más fuerza.

Eeehhh . . . . ¡Puto!

Recién leí que la FIFA ha multado a México porque la afición sigue gritando el clásico "Eeehhhhhh . . . . ¡PUTO!", y que las multas van a ser más fuertes si se sigue repitiendo el hecho, llegando a vetarlo de local e incluso a descalificarlos de competencias internacionales.

Conociendo la idiosincrasia mexicana, ¿saben cuándo van a dejar de gritar? ¡Nunca! Así que más le vale a la FIFA empezar a ser congruente con sus amenazas que, de todas formas, no van a terminar con dicha expresión endémica del mexicano.

Pero, a los aficionados al Fútbol no se deben preocupar porque, México es de las selecciones que mayores ganancias generan en el mundo, y descalificarlos no es rentable para la FIFA, así que seguirán multándolo únicamente.

De hecho estaba leyendo un artículo de Raúl Allegre en el que menciona que si, en el partido del 21 de Noviembre en el Azteca, se hace el grito referenciado, la NFL consideraría no volver a México, lo cual es muy triste, ya que seguramente es lo que va a pasar.

El mexicano es muy contreras, además de necio, y sólo basta que le prohíban algo para que lo haga con más dolo. Así que entre más le limiten el grito, más fuerte va a hacerlo y se va a seguir

expandiendo (de hecho el grito ya fue adaptado por distintas
aficiones en América y Europa)

Ese grito no lo van a poder erradicar de la cultura mexicana,
misma que es machista, misógina, homofóbica y demás linduras. Y
eso no va a cambiar ni hoy, ni mañana ni en diez años. A la siguiente
matanza de gays, van a seguir surgiendo chistes y memes al respecto
y habrá gente que se siga regocijando con ello.

Y aunque logren callar el grito, no van a lograr cambiar el
sentimiento que hay detrás de él con multas o descalificaciones del
equipo nacional; eso se va a cambiar con educación, como la gran
mayoría de problemas de este país pero, créanme, el grito de
"Eeehhh . . . . ¡PUTO!" sería nuestra última preocupación si en
verdad nos importara la educación en este país.

El problema es que, de acuerdo a sondeos, las generaciones
actuales son igual de machistas, homofóbicas, misóginas y demás
defectos que las actuales, así que ese grito tal vez nunca sea
erradicado.

Tampoco debe extrañarnos esta situación, esto al ver que los
maestros, en vez de estar en las aulas educando a los niños, se
encuentran bloqueando calles, casetas, lugares públicos y demás,
armando desmanes, violentando el estado de derecho, utilizando
pobres marsupiales como armas y demás muestras de lo corriente
que es este país. No es difícil de entender el porqué de la calaña de
ciudadanos que tenemos.

Ahí está la raíz del problema: debido a tanta ignorancia, y
educación deficiente, es que tenemos el país que merecemos.

El Brexit

Recientemente se decidió el famoso Brexit, o la salida del
Reino Unido de la Unión Europea. Uno de los argumentos que más
pesaron en dicha decisión fue que el excesivo flujo de refugiados, así
como inmigrantes que podían entrar a buscar trabajo de manera fácil.

Las críticas fueron muchas y duras contra el Reino Unido
pero ¿saben algo? De haber sido británico, mi voto hubiera aprobado

la salida de la Unión Europea. Es muy fácil exigirles a los países ricos que sean generosos, tolerantes y magnánimos, pero ¿Por qué demonios debo de aceptar algo, con lo que no estoy de acuerdo, para quedar bien con el resto del mundo? Ahora resulta que son criticados por ser congruentes entre lo que sienten y sus acciones al respecto.

Es SU país (o conjunto de países), ¿por qué demonios deben abrirlo (sin trabas) a otras personas si tanto les ha costado tenerlo limpio, ordenado y bonito? ¿Por qué darle acceso a alguien que no lo cuida ni lo valora (porque no le ha costado) de manera tan fácil?

De buenas a primeras, los refugiados entran con una facilidad pasmosa, cuando un migrante legal, de otra nacionalidad debe cumplir una serie de estrictos requisitos que garanticen que es alguien que le va a hacer bien a tu nación. De pronto una serie de personas que no están a la altura, tienen los mismos derechos o ventajas que un ciudadano británico. Así que si ellos ya no quieren aceptar eso, están en su pleno derecho, y qué bueno que les vale pito la opinión del resto del mundo.

Es fácil criticarlos desde afuera, pero los entiendo, porque no me gusta ver cada vez más ilegales centroamericanos mendigando en las esquinas, porque entre más son, mayor es el riesgo de inseguridad (De por sí no estamos en la Meca de la seguridad). Nuestros servicios públicos ya son malos como para todavía incrementar la miseria en el país (que ya tiene bastante). Si pago impuestos por esos servicios deficientes, ¿por qué permitir a alguien que no los paga que goce de ellos?

Y si pienso eso como mexicano (aunque nos moleste) puedes entender por qué el Sr. Trump goza de tanta popularidad entre el electorado gringo, y exactamente así de "despojados" se sentían los británicos con sus fronteras tan relajadas por ser parte de la Unión Europea.

Pero esto no es exclusivo de países pobres, de hecho Suiza recientemente cambió sus leyes para evitar que tanto alemán trabajara en su país, así que pueden corroborar que esto de cuidar el bienestar nacional no es exclusivo de un país o un continente en particular.

Los Óscares Negros.

Aunque ya pasaron algunos meses, en su momento no me di la oportunidad para tratar el tema. En la entrega de los Óscares de este año, hubo un boicot de los actores negros, mismos que no asistieron a la ceremonia, ¿la razón? Argumentaron que era el segundo año consecutivo que no había afroamericanos nominados.

Según dicta la teoría, se nominan a los mejores ACTORES sin importar raza o nacionalidad o alguna otra característica. Si la academia les hace caso (como ya lo están haciendo), al rato vamos a caer en ridiculeces como la categoría del mejor actor negro.

De hecho ya tienen su entrega de premios exclusivos de negros (los Black Movie Awards y los Black Reel Awards), lo cual se me hace muy discriminatorio, por parte de ellos. Pero en otro escrito, ya había tratado el racismo de los Negros en general

Como mencioné en "La Mustia Apariencia del Nito", todos somos humanos, sin importar que seas negro, judío, gay y demás características. Al contrario de lo que parece, el darle un trato especial a los negros, judíos o gays promueve más la discriminación que fomentar la igualdad, porque se están remarcando las minorías y recalcando que ellos no son "normales" sino que son "especiales"; y como especial es primo hermano de lo diferente y esto a su vez hermano gemelo de lo extraño, pues en el inconsciente seguimos teniendo la creencia que estas minorías no califican como humanos "normales" (si es que alguna vez ha habido alguno que califique como normal).

Ahora resulta que por ser minorías sus problemas o sus desgracias son más importantes que el resto de humanos, y se da a entender que son más valiosos que los que no somos como ellos ¿Y luego se preguntan por qué tanta discriminación hacia dichos grupos? Esa actitud también genera los crímenes de odio. No creo que a nadie le guste que le digan que es menos importante que otros.

Volviendo al Óscar, vamos a llegar al punto en que siempre debe de haber un actor negro, sin importar la calidad de su actuación, para que las nominaciones sean justas, Siguiendo con esa lógica, deberíamos tener un asiático, un latino, un árabe, un negro y un blanco (y que alguno sea gay o transexual) para que no haya pedo, así el desempeño en la pantalla pasa a segundo término, porque lo que importa es la raza de los actores.

La Risa como desahogo

Tenía una chica de clase de japonés en mis contactos de WhatsApp, con la cual compartía un chorro de humor negro, incluso bastante cruel. Sin embargo, un día me pidió que no le mande chistes sexistas y/o machistas. Y como no discrimino a la hora de discriminar ;-), constantemente le preguntaba qué era sexista y qué no.

Aunque me cae bien, su actitud me parece ridícula ¡porque son chistes! Y así lo hemos hecho a lo largo de nuestra vida, aprender a reírnos de nuestras desgracias y las ajenas, eso hace más llevadero el ajetreo diario que te da muchos motivos para llorar, así que hay que aprovechar los que hay para reír.

Pero ahora la gente está tan preocupada de su imagen que se enoja. Créanme que los chistes no hacen de este mundo más violento, no es el causante de tantos asesinatos, de hecho creo exactamente lo contrario.

Una de las maravillas de vivir en México, y de trabajar en mi departamento, es que podemos hacer chistes de todo y de todos, incluso de nosotros mismos, y nadie se ofende, aunque también tenemos cuidado de no hacer bromas que hieran a algún presente. Pero ahora, aunque nadie resulte afectado, nos tendremos que callar y eso no ayuda a que haya menos odio, menos maltrato o más tolerancia. Creo que las bromas nos permiten liberar esos sentimientos y no meternos a una disco gay a disparar al por mayor.

Personalmente hago chistes de todo: negros, judíos, mujeres, gays, casados, ancianos, niños, lisiados y hasta de mí mismo. Tal vez no sea un ejemplo, pero hablando en mi círculo, tengo amigos gays a quienes les aplico las bromas de Putos y nos reímos juntos (Ellos también me hacen bromas de mi celibato involuntario y nos reímos de ello); tengo amistades femeninas de amplio criterio y seguridad, y les comparto mis chistes misóginos, y nos reímos de ello, al igual que ellas me comparten chistes feminazis y nos carcajeamos por igual. Y haría lo mismo si tuviera amigos negros, judíos y demás.

Mis chistes favoritos son de negros y, aunque no tengo ningún amigo de esa raza (no porque no quiera, sino porque en México no los hay), dos de mis bisabuelos (uno paterno y otra materna) eran negros, lo cual no me impide reírme de manera auténtica.

Esa risa no nos hace maleantes, al contrario, nos hace felices y es difícil que un simple chiste te haga criminal. Hasta donde tengo memoria, nunca he ofendido a nadie presente, no he mancillado su dignidad ni he roto la ley, porque además sé medir hasta donde llegar con las personas, basado en el grado de confianza que nos tengamos. La discriminación o el notar las diferencias ha estado en la naturaleza humana desde siempre, pero hay formas productivas de desahogarlas y otras más violentas.

Por más chistes que haga, nunca he discriminado (conscientemente) a alguna minoría en la realidad, de hecho trato de ser justo sin importar sus características físicas. Y creo que gran parte de mi tolerancia es por los chistes que hago. Por ejemplo, por más que me caguen Hindúes o chinos, siempre he sido respetuoso con ellos, sin importar que sean unos maleducados, cerdos y corruptos (sobre todo los chinos). Al final respeto a quien me respeta y, yendo más allá, no tengo por qué agredir a alguien que no me ha hecho nada. Una cosa son los chistes, otra distinta son las acciones.

Regresando a la chica del inicio de esta sección, cuando empezó a ponerse más fresa de que no sólo no le enviara imágenes sexistas, sino tampoco racistas ni homofóbicas, fue cuando me cansó y opté por borrarla, ya que envío esas imágenes para reírme con la gente, no para autocensurarme y estresarme porque alguien resulte ofendido tan fácilmente.

¿Dónde quedó la libertad?

Todas estas acciones de odio tienen origen en la intolerancia, y es que desde la prehistoria hemos sido intolerantes por naturaleza. Pero no atacamos el origen del problema (la ignorancia que se resuelve con educación), sólo nos enfocamos en pintar la fachada para que se vea bonita. Así que ahora, además de intolerantes también quieren que seamos incongruentes.

Repentinamente, y sin mayor respaldo, todos nos debemos de comportar como seres civilizados, tal si fuéramos hermanos, como si no hubiera diferencias que nos molesten, ignorando todas esas sensaciones negativas que se mantienen vigentes en nuestro interior. Y todavía se atreven a cuestionar porqué continúan los crímenes por odio. ¿De qué sirve tener un exterior bonito si por dentro estamos planeando cómo matarnos? Y eventualmente lo haremos.

No me sirve una escena de Teletubbies en donde todos cantemos y gritemos al mundo que somos pacíficos y nos queremos cuando, tras bambalinas, vamos a continuar con la violencia "pero en privado" argumentaremos "Para que no crean que soy un culero" ¬_¬U

Todas estas situaciones nos convierten en una sociedad en donde está bien expresar ciertas ideas (por más extremas que sean) pero censurar fuertemente a sus contrarias, aunque ambas posturas tengan sus puntos fuertes y débiles. Repentinamente el mundo se ha vuelto más pendejo, porque ahora resulta que expresar un sólo espectro de opinión es deseable y hasta fomentado mientras que lo otro no lo es. ¿Con qué derecho? ¿Por qué no puedo expresar lo que creo? ¿Por qué debo de adaptarme a una opinión con la que no comulgo?

Podrá estar errónea su postura, pero no puedes impedir que se expresen. Por ejemplo, en Alemania llegan a haber marchas Pro-Nazi, y de inmediato salen muchas otras personas a impedirlas y reprimirlos. ¿Por qué? Tal vez su idea esté mal, pero no están cometiendo ningún delito al expresarse. ¡Ah! Pero no fuera una marcha de Gays, porque el mundo les aplaude. ¿Con qué derecho impedimos los derechos de uno y fomentamos los de otros? Ojo, no digo que su causa está bien, sólo digo que tienen derecho a expresarse, ya si se llevan a cabo sus objetivos es harina de otro costal.

Estamos perdiendo el derecho del libre pensamiento porque mucho de lo que pensamos nos lo tendremos que callar por temor a ser censurados, y esas ideas no desaparecen al callarlas. ¿Quieren que crezcamos como sociedad? ¿Cómo humanos maduros? Vamos a dialogar, a discutir, a defender nuestras ideas, no prohibiéndolas.

Ahora resulta que lo políticamente correcto está terminando con la capacidad de pensar, de discernir, de intentar desarrollar nuestra inteligencia al anular el criterio de la humanidad que, de por sí, nunca ha sido el mejor, ahora lo va a ser menos si limitamos los temas a discutir.

La solución no está en prohibir palabras o prohibir ideas, el camino está en la educación, en no limitar algo sino comprenderlo. Está mal censurar a los Gays sin explicación, pero igual de mal está darle derechos privilegiados porque sí y sin mayor discusión.

La homofobia no se va a acabar por dejar de gritar "¡Puto!" en el estadio o por extirparla del idioma español. O si quitas la palabra negro o nazi, tampoco vas a terminar con la discriminación o xenofobia. No por dejar al Reino Unido en la Unión Europea vas a hacer que sus ciudadanos sean tolerantes con los refugiados.

Mantener las apariencias no resuelve el problema, pintar una casa mal construida no fortalece sus frágiles cimientos. El racismo, homofobia, misoginia y demás muestras de odio humano no nacieron hoy, de hecho son tan viejos como la humanidad misma. El prohibir las expresiones públicas de estas ideas no las va a hacer desaparecer, es más, promover las ideas contrarias como deseables, sólo hace que el odio crezca, porque estás limitando mi derecho a expresarme y me estás enjaretando una idea con la que no concuerdo como lo "correcto".

Entre más prohíbas algo, más atractivo va a resultar a la humanidad. Hacer lo prohibido siempre va a resultar emocionante. Hemos perdido la capacidad de decisión, ya no tenemos libertad de expresar lo que creemos y parece que sólo podemos hablar o actuar de acuerdo a lo que cree la mayoría.

El mundo se ha vuelto, no tengo una expresión más acorde, más putito porque ya nadie puede decir nada políticamente incorrecto, expresar su opinión, su sentir, por miedo a que alguien se ofenda, pero el aparentar ser civilizado no quiere decir que lo seamos, y esas ideas, si no se expresan van a acabar saliendo, pero de

maneras más violentas, producto de la falta de libertad con la que
fueron sometidas.

**"Si te arrebatan la libertad, acabas forzosamente odiando
a alguien ¿no crees? Yo no quiero llevar esa vida"– Haruki
Murakami ("Los Años de Peregrinación del Chico sin Color")**

En verdad nos estamos mereciendo extinguirnos a la
brevedad y, lo mejor, que será por nuestros propios medios y por
nuestra propia mano.

23 de Julio del 2016

La Naturaleza de la Discriminación (Primera Parte)

Alguna vez, en "La Mustia apariencia del Nito" me atreví decir que en México no somos tan racistas como en Estados Unidos, así que no debíamos copiar sus posturas mustias para fingir igualdad en la sociedad.

Ofrezco disculpas por una aseveración tan equivocada (o sea, estaba bien pendejo). En realidad, en México somos unos prejuiciosos de mierda, ciertamente hay algunas culturas más retrogradas que nosotros pero eso no quita que seamos unos racistas, homofóbicos, machistas, misóginos, clasistas, convenencieros, barberos, malinchistas y demás calificativos que nos hemos ganado al ser una cultura tan poco tolerante y, por ende discriminadora.

En este par de escritos, voy a compartir diversos casos míos o cercanos para ejemplificar esta actitud.

¿El agua no se le niega a nadie?

Iba corriendo una calurosa tarde hacia la Pirámide de Cholula cuando un niño le dice a su padre "¿Y si le preguntamos a él Papá?" mientras me señalaba, a lo que volteé y eso le dio pauta al chamaco.

"Señor" me dijo, a lo que asentí a modo de respuesta y el niño prosiguió "¿Me da de su agua?" señalando el cilindro que llevaba en la mano. Muchas veces pecaré de culero y egoísta, pero aún no llego a los niveles como para negarle agua a un escuincle sediento de unos seis años en una tarde calurosa. Así que le tendí el trasto.

Mientras el pequeño bebía con ahínco, el papá me pedía indicaciones para tomar el camión de regreso a su pueblo. Ambos se veían de extracción muy humilde, gente decente pero de muy escasos recursos. De hecho sólo llevaban dinero suficiente para el camión que los lleva a su casa, así que aún debían caminar como 5 kilómetros para tomarlo.

En eso el niño terminó de tomar y, con toda inocencia, le pasó el cilindro al padre que, también muerto de sed, empezó a beber. En dicho momento me quedé petrificado, digo no tenía ningún empacho en que el niño tomara de mi agua, pero el padre ya era otra historia.

¿Cómo explicarlo? Siendo honestos, me dio asco, y no por su clase social, sino por los dientes de tono amarillo verdoso que exhibía el señor. Así que, cuando intentaron devolverme el cilindro, les contesté con tranquilidad "Mejor quédeselo, igual y les falta mucho tramo por caminar", detalle que me agradecieron profundamente y siguieron su camino con la idea de que era un gran tipo cuando, en realidad, no lo soy.

Podría argumentar una cuestión de higiene, pero sé que eso no es cierto. En algunas ocasiones, mis compañeritas adolescentes de Jazz toman de mi cilindro de agua, y con mucho gusto las dejo hacerlo sin asco alguno. Si somos lógicos, no sé mucho de la vida de estas chicas, igual y tienen muchos novios o igual y no. Con lo loca que está la juventud hoy en día (y con lo guapas que están las chicas) es muy probable que se anden besuqueando con algunos chamacos.

El otro señor se veía muy decente y, al ser de campo, en teoría su estilo de vida sería más sano, así que me debería dar más asco que las chicas tomen de mi agua que él. ¡Ah! Pero hay otros factores involucrados.

En primer lugar el atractivo, no es lo mismo arriesgarte con la saliva de una hermosa chica que la de un señor adulto. Por otro lado el hecho de la "igualdad" influye mucho, ya que las muchachas de mi clase, de alguna manera, son mis iguales mientras que el otro señor no, por lo menos desde el punto de vista socioeconómico. Además, el hecho de que haya sido un desconocido influyó determinantemente en mi rechazo.

Al final del pasaje, padre e hijo se llevaron una buena imagen de mí aunque, en el fondo, no fueron muy nobles las razones por las que les regalé el agua. Por cierto, retomaré este pasaje en las conclusiones del segundo escrito.

Amores en Burger King

Alguna vez, platicando con una amiga, le hice la siguiente pregunta: "Si encontraras al hombre de tus sueños atendiendo en un

Burger King ¿Lo tomarías?" Sin pensarlo ella respondió de inmediato: "No"

Le decía que podía estar ahí pagándose sus estudios y que podría tener un futuro muy prometedor, a lo que ella me vio con una mirada de ternura "Hebert, ¿Cuántos millonarios conoces que atendieron un Burger King?" sin necesidad de esperar mi respuesta prosiguió.

"Mira, he llegado a un punto en mi vida en que no sólo busco el amor, sino busco a alguien acordé a mis ideas, principios, valores pero, no lo voy a negar, también de acuerdo a mi status socioeconómico. Para ustedes como hombres es más fácil, porque pueden recoger a una chica sencilla y nadie se las hace de jamón pero, como mujer, no nos podemos dar el lujo de aceptar menos de lo que somos y, las que lo hacen, usualmente pagan el precio de su atrevimiento."

La fría honestidad de mi amiga me dejó perplejo pero, analizándola con calma, no había mucho que le pudiera reprochar. Y es que hay reglas que no están escritas pero que todos respetamos, como lo es codearte con gente que percibas como tus iguales. Así como explico en el siguiente punto.

Tender la mano a tu prójimo

El dicho "Ama a tu prójimo como a ti mismo", en realidad es una adaptación de uno semita que dicta "Ama a tu prójimo **judío**, como a ti mismo", en donde se demuestra la fuerte solidaridad que los integrantes de dicha religión tienen entre sí y, por otro lado, una clara exclusión del resto de religiones.

Sin embargo, aunque el pueblo judío no es propiamente popular en el mundo por esta actitud, que demuestran de manera pública, el resto de las sociedades no son tan distintas.

Los bancos sólo te prestan cuando tienen la seguridad que puedes pagarles, lo cual me parece muy prudente y por lo mismo me he adaptado a aplicar dicha regla. Porque, muchas veces, por ayudar a alguien, he acabado perjudicado en mi patrimonio.

Así que he aprendido a prestar dinero a muy pocas personas, y sólo lo hago a gente que considero que está a mi nivel en valores y socioeconómico. Eso no impide que muchos vengan en busca de un préstamo de manera constante sin embargo, como sé que la mayoría de ellos no tienen cómo pagarme, he optado por decir que no.

Esta actitud no me impide dar limosnas o dádivas, si el monto es pequeño, y ésas las doy con la certeza en mente que no voy a ver el dinero de vuelta, lo cual pasa casi siempre, a pesar de que todos dicen y juran que me van a pagar.

Muchos dirán que soy injusto y culero, y tienen razón, sin embargo, no espero un trato diferente hacia mí si caigo en la misma situación.

Si llegara a perder mi fuente de ingresos (mi trabajo), no tengo ninguna expectativa que el resto de la gente me trate de la misma manera que lo hace ahorita. Si llegase a quedarme sin empleo (o tener uno de menor categoría) de inmediato dejaría de ser de la misma "clase social" que mis camaradas, así que optaría por alejarme de casi todos los que conozco en la empresa, a excepción de dos personas que son mis verdaderas amistades.

Y es que ya no podría mantener el mismo status, los mismos lujos, las mismas pretensiones y, para acabar pronto, no tendría las mismas posibilidades que ellos. Al final, el saber que alguien tiene las mismas posibilidades que tú, te da cierta tranquilidad sobre el cumplimento del compromiso. Si te llegas a comprometer con alguien con posibilidades inferiores al monto prestado, y no te pagan, la culpa recae sobre ti por arriesgarte tan tontamente.

Aunque se nos educó con la idea de que todos somos iguales, en los hechos, normalmente nuestro círculo social se compone de gente con características similares a las nuestras, sobre todo, con el mismo poder socioeconómico. Cuando alguien de tu círculo pierde el status que compartía con el resto, tal vez no de inmediato pero, eventualmente, va a acabar saliendo del mismo.

Normalmente se da la oportunidad a que el individuo salga por voluntad propia y, si no lo hace, el resto del grupo lo va excluyendo de manera silente "Ya no es igual que nosotros" es el pensamiento que todos comparten pero que nadie expresa, porque es más una especie de acuerdo tácito, natural e inconsciente que una decisión tomada de manera explícita.

Y es que, si te sigues llevando con alguien que ahora es "inferior" a ti, el que tiene todo que perder y nada que ganar eres tú, ya que arriesgas tu capital social y económico, porque antes sabías que la otra persona tenía con que respaldar sus deudas o favores, pero ahora ya no, y es un acto de buena fe.

Pero los actos de buena fe son más fáciles de hacer entre iguales porque cuando es entre alguien superior e inferior se le llama limosna, y de ésa no se espera una retribución. Pero dar o recibir una limosna de alguien que antes era tu igual ha de ser uno de los actos más difíciles para ambas partes. Entonces se debe pretender que siguen en igualdad de condiciones pero, al no haber un respaldo para dicha igualdad, la relación se torna incomoda e insostenible en su estatus anterior.

Pero bueno, para que no me odien (más), y para que vean de esto de las "lealtades" entre personas de la misma clase social funciona en ambas direcciones, ahora voy con dos casos en que he sido discriminado.

El corte de pelo

Seis semanas después de haberme rapado, me tocó irme a "despuntar", así que fui con mi estilista de cabecera. Casi siempre tengo suerte y no hay gente delante de mí, así que me suele atender de inmediato.

En esta ocasión había un chico antes que, casualmente, se estaba haciendo el mismo corte tipo militar que estaba por hacerme. Cuando terminó y le cobró, noté que el monto era mucho menor del que normalmente me cobra.

Pasé a que me cortara el cabello, platicamos amenamente y, al momento de pagar, me cobró la tarifa de costumbre. De manera tranquila, le cuestioné sobre la diferencia de precio por el mismo servicio, pero la chica se puso roja (supongo que no esperaba la pregunta de mi parte) así que, al ver su incomodidad, le dije "No te preocupes, así está bien".

La explicación que, supongo, la chica no me pudo dar es que el chavo anterior era más humilde, de una clase social similar a la de ella, por lo cual hay cierta solidaridad. En mi caso, claramente no pertenezco a "su" status, así que está bien si me cobran más porque tengo con qué pagar la diferencia.

No critico a la chica, de hecho admiro la lealtad hacia sus iguales, lo único en que tendría cuidado es en no hacer evidentes esas diferencias ya que, aunque las comprenda, a nadie le gusta que lo discriminen de manera abierta.

De acuerdo a tu apariencia se da o se niega el beso

A mediados de año me enfermé de Herpes Zóster, el cual provocó muchas reacciones, de las cuales voy a compartir en otra ocasión.

Mientras tenía las costras en la frente y mi rostro no era nada atractivo (aún menos pues), muchas mujeres fueron muy lindas al seguir saludándome de beso a pesar de la apariencia y, si sentían asco, no daban muestra alguna de ello.

Sólo hubo dos féminas que se negaron a saludarme como de costumbre a causa de mi apariencia y por paranoia hacia la enfermedad. Ese hecho lo entendí y, sin embargo, no lo perdoné (Si por algo me caracterizo es por ser vengativo y rencoroso).

Entiendo que la enfermedad o una apariencia desagradable es un motivo automático para discriminar a alguien, ya que deja de ser tu igual. Sin embargo, desde mi perspectiva, si ese alguien va a volver a recuperar su estatus, entonces la discriminación fue injustificada y, por ende, tomo acciones al respecto por dicha deslealtad.

Es por ello que, desde aquel momento, dejé de saludar efusivamente a dichas mujeres, aunque ellas ahora hagan el intento de volverme a saludar como en antaño. Para mí, en el momento en que me desdeñaron es que se ganaron a su vez mi propio desprecio hacia ellas.

Vamos con otro ejemplo de cómo los besos también se dan conforme al status que percibes en la otra persona.

Besando a la de limpieza.

Esto ya la compartí en un escrito anterior, pero ahora quiero dar más detalles.

Hace un par de años había una señora que estaba asignada a limpiar nuestras oficinas, misma con la que platicábamos ocasionalmente y uno que otro obsequio le hacíamos. Sin embargo, una de mis compañeras de extracción más "humilde" se llevaba de piquete de ombligo con ella.

Un día la señora nos encontró al momento que salíamos a comer, estaba en busca de su amiga (mi compañera de trabajo) para despedirse porque había encontrado un mejor empleo.

Se pusieron a platicar brevemente y se despidieron de beso, esa acción nos dejó de piedra a los otros tres acompañantes (dos chicas y yo), ya que la señora procedió a despedirse de la misma manera de nosotros. Y seguimos nuestro camino.

Más tarde, ya sin la presencia de nuestra compañera, comentamos entre los tres lo bastante incómodos que nos sentimos por despedirnos de manera tan íntima de la de intendencia. Ya hablando al chile, sin pelos en la lengua, admitimos que no se sentía correcto, por eso nuestro profundo desagrado al despedirnos de ella de beso.

La señora estaba limpia, no podemos adjudicar nuestra incomodidad a su higiene, simplemente no era nuestra igual y por ello nos sentimos mal de despedirnos de ella. Igual y somos seres despreciables y nuestra compañera tiene un gran corazón o, dándole otra lectura, ella no percibía dicha diferencia con la señora de intendencia, misma que nosotros sí.

Ahí es donde ves la discriminación que ejercemos sobre la base del valor que les asignamos a ciertas personas, basándonos en su status socioeconómico, su apariencia, su higiene y demás factores. Es una enseñanza tan arraigada en el inconsciente colectivo que hasta que nos detenemos un momento nos damos cuenta de ello.

Al ser tantos ejemplos, y querer explicarlos de manera puntual, me veo obligado a dividir el escrito en dos, así que prosigo en el siguiente.

23 de Octubre del 2016

La Naturaleza de la Discriminación (Segunda Parte)

Continuemos con este repaso de casos en los que aplicamos la discriminación, mismo que empezamos en la entrega anterior.

La entrada al Teatro.

Debido al Herpes Zóster, decidí no participar en ninguna coreografía este año lo que no impidió que apoyara como parte de Staff del evento de baile organizado por mi escuela.

Parte de mis actividades fue controlar la entrada del público, checando los boletos y permitiendo o restringiendo el paso al Teatro en donde se llevaban a cabo las presentaciones.

Fueron tres funciones, por lo que había un par de horas entre cada una de ellas, mismo tiempo en que estaba cerrado el recinto. Durante esas pausas había gente que nos pedía acceso a los sanitarios, mismos que nos habían indicado (los del teatro) que se restringiera a la gente de fuera, sólo cuando hubiera función, el público podía acceder a ellos.

Por una u otra causa, Robert y yo, permitíamos que accedieran ciertas personas que nos pedían con urgencia acceder al baño. A veces los dejábamos pasar y a veces no. Al otro día, me hice la pregunta "¿Por qué dejé que pasaran algunos y a otros no?" y empecé a hacer memoria. Un factor importante fue la amabilidad y carisma de las personas, porque había algunos con más don de gente que otros.

Pero, al recordar a la mayoría de casos, me di cuenta que Robert y yo (sin ponernos de acuerdo) dejábamos pasar más a chicas bonitas y/o a gente de tez blanca, y negando más el paso a gente fea y/o de tez morena.

Eso no lo hicimos de manera premeditada, sólo lo noté al hacer memoria. Esa discriminación la aplicamos todos los días, muchas veces de manera involuntaria. Sin embargo, no sólo se da a nivel de piso, pero también es producto de lo que ve a nivel institucional.

Discriminando por apariencia

Hace un par de meses fui a mi Afore a hacer un trámite. Delante de mí había una señora que iba a hacer el mismo procedimiento que yo, pero fingí que no escuchaba que le habían pedido el comprobante domiciliario, porque sin él no le podían hacer dicho papeleo.

La señora, que iba vestida de manera sencilla, fue regresada y le pidieron que fuera por su documento. Llegó mi turno y, como recién había salido del trabajo, iba de traje. Me pidieron mis papeles y se los entregué, me mencionaron la falta del comprobante domiciliario, a lo cual me indigné "Nadie me mencionó por teléfono sobre dicho comprobante. Por favor comuníqueme con su jefe para quejarme", ya que no era mentira, nadie me había dicho sobre llevar dicho papel.

"No se preocupe joven" me respondieron "le sacamos una copia a su credencial de elector y se lo tomamos como comprobante" me comunicaron con toda amabilidad. ¿Se hubieran comportado igual de decentes conmigo si hubiera ido de jeans y playera? Honestamente lo dudo. Sin duda es injusto que para una misma situación te traten de manera diferente de acuerdo a tu apariencia cuando, en teoría, todos merecemos un trato igualitario pero, en la realidad, hay muchos factores que influyen en ello.

El valor de la apariencia en la sociedad es determinante, y hay algunas instituciones que no disfrazan este hecho.

Un caso muy conocido es cuando vas a pedir una visa a la Embajada Gabacha. De acuerdo a lo que mis amigos y yo hemos visto, hay muchas personas adineradas que les rechazan la Visa porque su apariencia es algo "rústica" y/o descuidada.

Pero no sólo en base a la apariencia te brindan el documento, ya que también toman en cuenta tu status económico, por eso debes llevar todas las pruebas de tu solvencia económica.

A los que les rechazan la Visa se molestan profundamente, y los entiendo, porque no te regresan los 180 USD que pagaste para aplicar a ella. Sin embargo, no puedo criticar a los gabachos ya que,

personalmente, no le abro la puerta de mi casa a cualquiera, por más
que quieran visitarme, y no me refiero sólo a mi casa material sino a
mi persona, discrimino bastante, y no a cualquiera le tiendo la mano.

Digamos que también tengo mis requerimientos mínimos
para que entren a mi hogar, aunque los míos no son
socioeconómicos, me guío más por la educación más que por la
apariencia.

Aunque, siendo honestos, juntando ambos tópicos (Estados
Unidos y apariencia), resulta que tengo un prejuicio muy fuerte
físicamente hablando.

La violencia de los Tatuajes

Cada vez que voy con los vecinos del norte me llama la
atención la gran cantidad de tatuajes que proliferan. No es que en
México no haya gente tatuada, pero son una fracción mínima de la
cantidad de gabachos tatuados que existen.

PARA MÍ los tatuajes son, en su vasta mayoría,
desagradables por dos razones: Primero por el dolor que la gente se
infringe para colocárselos, me han contado lo que sienten en el
proceso y me retuerzo del sufrimiento sólo de que me lo cuentan. Por
otro lado, la mayoría de ellos son antiestéticos, muy pocos de buen
gusto y la mayoría afean el cuerpo.

Y es que no es lo mismo uno o dos tatuajes bonitos, pequeños
y elegantes colocados en lugares estratégicos que tener todo un brazo
o ambos, o la totalidad del cuerpo lleno de dibujos, es un espectáculo
que afea tu presencia.

Eso me causa un gran conflicto, porque en Estados Unidos
usualmente veo una cantidad enorme de mujeres extremadamente
atractivas, con cuerpos de infarto y caras de ángel. Sin embargo, es
mayor mi asco al verlas tatuadas y no me refiero a un pequeño y
estético tatuaje, sino a brazos totalmente congestionados de
imágenes, garabatos y tintas que atraen más mi atención que el resto
de la chica. Ahora sí que mi aversión es más grande que mi
calentura.

Y no sólo me refiero a nivel pareja, hablando de cualquier tipo de relación humana, veo muy difícil relacionarme con alguien exageradamente tatuada, es algo que simplemente no podría soportar, porque sería mayor el desagrado que mi atención a la persona.

¿Creen que soy un asco de persona? Están 100% en lo correcto, pero muy pocos en mi país pueden señalarme. Pasemos a un caso muy sonado.

Las gorditas no pueden ser atletas.

Como ya es mi costumbre, a excepción de la NFL, es difícil que vea algún evento deportivo, incluyendo Juegos Olímpicos. Sin embargo, gracias a Twitter, me enteraba de lo más sobresaliente, tanto lo bueno como lo malo.

Algo que causó furor fue el físico de la gimnasta mexicana Alexa Moreno en los juegos olímpicos de Río de Janeiro. ¿Por qué? Porque su complexión era gruesa, tirándole a regordeta, además no ayudaba que fuese morena.

A veces twitter me hace reír bastante y en otras ocasiones me recuerda el grado de estupidez de la humanidad. Ciertamente la chica no ganó ninguna medalla y, por curiosidad, busqué sus rutinas en Internet y, sin ser cosa del otro mundo, Alexa hizo bien su trabajo.

Si hubiera hecho un papel pésimo, entiendo que le hubiera caído el país a palos, pero no: se le fueron a la yugular por tener el atrevimiento de ser gorda en un deporte de mujeres usualmente delgadas y/o sabrosas. Por ese prejuicio de lo que "debería" ser una gimnasta es que fue atacada inmisericordemente con memes, chistes o comentarios de mal gusto, sólo por el hecho de su cuerpo.

Un físico que, cabe señalar, es el más común en nuestro país porque, aunque efectivamente tenemos chicas güeritas y de buen cuerpo, ciertamente no son tantas como las "Alexas Moreno" que predominan a nivel nacional. Y ahí radica la ironía: un país de Gordos criticando a una chica que los ejemplifica fielmente, con la salvedad que esta "gordita" sí hace algo productivo de su vida a través del ejercicio.

Pobre chica, me imagino el coraje, desilusión y rabia que debió sentir al conocer la reacción de su propio país por su físico e ignorar su actuación.

La relación de los Millenials y la homosexualidad.

Hasta hace unos diez años ya no se escuchaba el termino Generación "X" (a la cual pertenezco) con tanta insistencia. Sabíamos que ya venía en camino la Generación "Y", pero aún eran muy jóvenes para ser relevantes. Eso cambió cuando estos últimos empezaron a trabajar y a alguien se le ocurrió el nombre de "Millenials" para clasificarlos.

No lo voy a negar, me cagan los Millenials y, peor aún, que se sientan tan orgullosos de denominarse así. Sin embargo, en esta ocasión, voy a referirme a ellos para algo positivo que tienen ya que, al parecer, son un poquito más tolerantes que la Generación X y me voy a enfocar en un aspecto: la homosexualidad.

Ciertamente la Generación X es más obediente y algo chapada a la antigua, en consecuencia, también somos más prejuiciosos. Platicando con mis contemporáneos, me doy cuenta que respetamos a los Homosexuales, pero una cosa es reconocer sus derechos y otra muy distinta promocionarlos (Tema que ya traté profundamente en "Pretendamos que somos libres de opinar").

Pero los Millenials piensan de otra forma. De hecho, desde su perspectiva exhibicionista, está muy bien que los Gays salgan a la luz y se autopromuevan a más no poder, y hay compañías que están aprovechando dicha tendencia.

Hace unos meses los Doritos sacaron su versión especial para Putos . . . ejem . . . . lo que el Presidente quiso decir es . . . . sacaron su versión "Gay Friendly" conocida como "Doritos Rainbow".

Como comenté en el otro escrito, ¿es necesario tener una botana especial para gays? ¿Acaso no es eso igual de discriminatorio? Me parece que más que un resultado positivo para la sociedad mexicana, ocasionó el efecto contrario.

En Twitter (mi única red social activa) se desató el debate: entre los homofóbicos y los que apoyan a los Gays, sin tener que serlo propiamente. Viendo las fotos de uno y otro bando, era clara la diferencia de generaciones.

No utilicé la red social para expresarme, pero con mis contemporáneos el comentario fue casi unánime "¿Qué es esto? ¿Papitas para Putos? ¿Qué sigue?", tal vez porque fuimos educados para respetarlos pero no para promoverlos.

Pero ésta es una bola de nieve que ya no va a ser detenida. Otra vez en Twitter, en su sección "Momentos" salió un apartado con las "Noticias que te alegraran el día". Dentro de todas las noticias hubo una que me hizo poner cara de "What the Fuck?", ya que incluían la nota de que Cover Girl había elegido a un muchacho maquillista de 17 años como su nuevo modelo para sus cosméticos.

No sé qué me tenía más contrariado: el hecho de ver a un hombre maquillado anunciando cosméticos o verlo en una sección "Noticias que te alegraran el día". ¿Por qué va a alegrarme el día que un chamaco sea la imagen de cosméticos para mujer? Desde mi perspectiva es otro paso para la degradación de esta sociedad humana (que ya no tiene marcha atrás).

Sí, soy anticuado, lo admito. No soy de esos que usan camisas rosas ni lilas ni colores pastel. Creo en la equidad mas no en la igualdad, creo que hay roles de mujeres y roles de hombres. Me fastidia que haya un hombre maquillado como mujer así como me molesta ver a mujeres rompiéndose la cara en peleas de artes marciales mixtas. Sí, soy anticuado y prejuicioso, pero fui educado en donde había cosas definidas y así estaba bien el mundo.

Obviamente para un Millenial o para un Centennial (Que son los que vienen atrás), mi postura es anticuada, por completo retrograda e inaceptable, pero no me voy a callar porque ellos lo crean así.

Es como leía de un usuario en Twitter al ver estas tendencias homosexuales en la red "Extraño los días en que los gays no estaban orgullosos de serlo" y no porque no tengan derecho a existir, complementaría, sólo no quiero que me los estén enjaretando en cada esquina hacia la cual volteo y todavía los enaltezcan.

Y luego se preguntan por qué no quiero tener hijos en este mundo. ¬_¬

Conclusión: La discriminación es natural (aunque no lo admitamos).

La discriminación es un proceso natural, en cualquier especie. Ya que siempre se acaba privilegiando a los más fuertes, los más altos, los más jóvenes, los más aptos y más atractivos y, por ende, relegando a los más débiles, los más feos, los más débiles y los más viejos.

Por más posturas mustias que adoptemos, por simple selección natural, vamos a seguir discriminando y privilegiando a algunas personas sobre otras. En épocas de las cavernas la discriminación era fácil, ya que la fuerza, la velocidad, la altura, la belleza o la juventud eran los únicos factores a tomar en cuenta. Ahora, en esta selva moderna que habitamos, también se toma en cuenta tu status social, económico, político y demás importancia e influencia que puedas tener.

En resumen, no podemos dejar de discriminar, por más que pretendamos ser avanzados, nuestros instintos se acaban imponiendo e inconscientemente, acabamos discriminando a los menos privilegiados.

Pero una cosa es discriminar hacia nuestros adentros y otra muy distinta es el hacerlo evidente (como la chica que me cortó el pelo del escrito anterior). Es como decía Orhan Pamuk en "El Museo de la Inocencia": 'El ser civilizados no consiste en que seamos iguales, sino que actuemos como si lo fuéramos'.

Y ahí radica una diferencia muy grande: la actitud.

Les aseguro que el señor y el niño a los cuales les regalé el agua (en el escrito anterior) se fueron con una gran imagen de mí, aunque mis razones para hacerlo no hayan sido tan puras. Por otro lado, aunque no me agradan tantas expresiones del orgullo gay, no quiere decir que vaya a salir y a matar cuanto gay se me ponga en frente o a no respetar sus derechos. Una cosa es que me desagrade su extensa propaganda y otra muy distinta que haga algo para dañarlos.

Y lo mismo aplica con musulmanes, judíos, chinos, hindúes y demás personas que no son mis favoritas, pero no por ello voy a dejar de tratarlos con el respeto que exige mi educación. No puedo evitar discriminar a la gente que me desagrada pero sí puedo comportarme como alguien civilizado con ellos, lo cual no quiere decir que los promueva, sólo que les brindo el respeto que todos merecemos.

23 de Octubre del 2016

El problema de los inmigrantes

Unos días después que regresé de Italia surgió la noticia de los atentados en Londres (uno de tantos) y me sentí triste. Y no porque fuera en una de las urbes más importantes del mundo, sino porque fue una ciudad que me encantó y amé profundamente.

Es más fácil sentir empatía por un lugar en el que has estado contra uno en el que, probablemente, nunca estés. Obviamente las muertes son las mismas y es igual de lamentable un incidente en Paris que en Kabul sin embargo, en el mundo en que vivimos, unas muertes parecen ser más importantes que otras en base a la importancia del país.

En fin, no sólo estaba triste por Londres, sino porque estos incidentes refuerzan una tendencia que, desde mi perspectiva, ya no tiene reversa: la población general culpa a los inmigrantes de dichos atentados y, bueno, no ayuda que de hecho son extranjeros (o hijos de ellos) los responsables de dicho acto.

El problema se magnifica en esta época en donde los eventos se conocen casi de manera simultánea. Ciertamente antes (en el Siglo XX) no había tantos atentados, ni tampoco nos enterábamos o no se le daba tanta atención. A raíz del 11 de Septiembre del 2001 empezó este frenesí por darle cobertura a este tipo de eventos, y se le da más importancia si fue un inmigrante (y aún más si es árabe y/o musulmán).

No ayuda a esta mala publicidad que algunos atentados se hagan en ciudades famosas del primer mundo (Londres, París, Boston, Madrid etc.), lo cual incrementa la psicosis mundial, ya que a esos sitios se les da más cobertura, por lo que siempre llamará más la atención que hayan atropellado a una decena de personas en Berlín a que hayan muerto 200 en una explosión en Bagdad.

Volviendo a Italia, con todos estos antecedentes, resultaba natural ver puestos militares de seguridad en cada lugar turístico importante. Uno diría "Pero si somos muchos turistas ¿Quién va a venir a poner una bomba?" Pero no sólo había turistas.

En cada día que estuve en Italia, sin importar la ciudad, sin importar la hora o el sitio, había una constante: refugiados, primordialmente africanos, aunque había algunos asiáticos (árabes e hindúes). Nunca había visto tal cantidad de inmigrantes, en verdad era algo muy notorio.

Aunque estaba en mis asuntos, era imposible desentenderse del tema, ya que todo el tiempo estaban presentes: pidiéndote alguna limosna, queriendo venderte algo, queriendo darte alguna orientación, exigiéndote dinero tal cual o comida. El caso es que te están agobiando constantemente y, por más que quieras ser solidario y empático con su situación, la verdad es que hay un punto en que te hartan y tiendes a ignorarlos porque, entre más amable eres, más insisten. De alguna manera me recordaron a los cubanos que todo el tiempo te estaban acosando por dinero.

Digo, los Italianos tampoco son los más respetuosos del Europa (estoy seguro que han de ser los menos civilizados del occidente europeo), pero esa sensación de peligro, inseguridad o agobio es la primera vez que la siento en dicho continente.

Sé que me estoy dejando llevar por los prejuicios, pero hay situaciones en que lo que sientes desborda lo que piensas. Por ejemplo, en el tren a Pistoya, se subieron una decena de africanos a mi vagón, y el resto de pasajeros nos pusimos tensos, primero por su olor, segundo por su actitud y, casi inevitablemente, por su apariencia. El caso es que fueron unas 5 paradas en que la tensión estaba alta en el tren (se notaba en las caras del resto), hasta que se bajaron y todo volvió a la tranquilidad.

Y aclaro que no tenía nada que ver que fuesen negros, por ejemplo uno de los recepcionistas de mi hotel en Florencia era más negro que mi consciencia (o sea, estaba cabronamente oscuro), pero era un tipo muy amable y educado que era súper simpático, el cual me cayó muy bien y teníamos pláticas muy padres. ¡Ah! Y era de Ghana, sólo por si se lo preguntaban. Pero volvamos a los trenes.

Ésa no fue la única situación incómoda con inmigrantes en un tren. Recuerdo el metro de Nápoles (camino a Pompeya), el vagón estaba lleno de turistas, de locales y de refugiados, y la diferencia se notaba a simple vista. Todos eran identificables por el atuendo, pero la falta de higiene y modales de los inmigrantes era bastante notoria y desagradable. Los turistas estábamos relativamente sorprendidos, a diferencia de los italianos, en cuyos rostros se reflejaba un asco y odio muy notorios: sus miradas y actitudes denotaban que, si pudieran, expulsarían a esa "escoria" de su país.

Normalmente no acostumbro a ver los periódicos pero, por alguna razón, me empezó a llamar la atención ciertos titulares de diarios romanos diciendo que la situación ya era incontrolable, que ya no podían permitir más refugiados, que había que regularlos y controlarlos.

Y no sólo eran los periódicos, de hecho me tocó escuchar muchas charlas de los "discretos" italianos en donde se quejaban amargamente de que los refugiados no se adaptan, sólo mendigan y no quieren trabajar.

Platicando con gente de mis hoteles, me decían que el descontento social es enorme en contra de los inmigrantes, no contra los legales que se adaptan y trabajan en algo decente, sino contra los que hacen actividades ilícitas y no se terminan de acoplar. De hecho, la tasa de robos se ha incrementado desde que empezaron a recibir a más refugiados, algo similar pasa en Alemania, el otro país europeo que ha recibido tantos foráneos como Italia. Tengo amistades en el país teutón que me comentan que la situación con los refugiados se está tornando insoportable, lo cual es aún más traumatizante para los germanos que suelen ser respetuosos y civilizados.

A un nivel entiendo el sentir de los europeos, ya que vivimos una situación similar, aunque no con la misma gravedad, con los Centroamericanos en México. A pesar de los prejuicios positivos que tenemos hacia los extranjeros, al ser un país tan malinchista, hay una diferencia muy grande entre los que vienen a aportar contra los que llegan a mendigar.

Lo que nos molesta a la mayoría de los mexicanos no son los centroamericanos, sino la gente mendigando. Ya de por sí tenemos pobreza en nuestro país como para andar asimilando más. Y, a pesar de ello, hay quien no está consciente de nuestra realidad.

Decía alguien en la oficina "Quiero ayudar a una familia de Siria, a ver si adopto a alguno de sus chicos" a lo que de inmediato contesté: "¿Y por qué no ayudas a una familia mexicana y adoptas a uno de sus niños? Porque no es como que en nuestro país no haya pobreza, ni miseria ni necesidad". Tal vez suene cruel y triste, pero soy de la idea que primero debes resolver tus asuntos internos antes de preocuparte por los de fuera.

Ya tenemos muchos inmigrantes ilegales en nuestro país y, sin importar la nacionalidad, es igual de lamentable que alguien mendigue, sobre todo cuando están en condiciones físicas óptimas, que son en las que veo a cada centroamericano que pide dinero en las esquinas.

Pero el que pidan dinero "por piedad" no es el único problema, ya que hay otro grande: la inseguridad. Obviamente con ellos no inició la delincuencia, porque ya la teníamos desde hace mucho tiempo, pero tampoco es como que lo vengan a hacer más ligera la situación.

En Europa, México y Tombuctú hay trabajo, tan sólo basta ver la sección de clasificados y encontraran que la parte de empleos siempre está nutrida. Pero, como decía Ayn Rand "No hay trabajo despreciable, sólo hay gente despreciable que no está dispuesta a hacerlo".

Y es que el trabajo dignifica. En Italia, no sólo vi a inmigrantes vivales o vagabundos, también vi a muchos africanos que trabajaban como staff de seguridad en la Loggia dei Lanzi, recepcionistas de mi hotel en Florencia, elevadoristas en el Campanile de Venecia, meseros, cocineros, recolectores de basura y demás trabajos honestos, mismos que les dan un ingreso estable (no alto) y que les permiten incorporarse a la sociedad.

Sé que a nadie le gusta limpiar baños, pero lo encuentro más digno y respetable que mendigar dinero en las calles. Ser intendente no te dará muchas ganancias desde un inicio, pero te va integrando a la sociedad para después crecer en ella.

Para mí, si estás en un país que no es el tuyo, lo menos que puedes hacer es adaptarte a él, empezando por las reglas básicas bajo las cuales convive dicha cultura. Obviamente los italianos no pueden decir mucho en cuanto a respeto (ya que también te acosaban con venderte cosas, darte servicios y demás), pero es su país y tienen sus reglas, y si te abrieron la puerta (o te colaste), lo menos que puedes hacer es comportarte bien e incluso mejor que ellos (que tan poco es TAN difícil).

Ahora, pecando de nacionalista, aunque ocasionan los mismos prejuicios, creo que no es la misma situación con los mexicanos en Estados Unidos. Ciertamente no se van los más educados, ni los más desarrollados y demás, pero algo que sí comparten la mayoría es algo: es gente trabajadora.

No conozco la totalidad de Estados Unidos, pero sí he visitado una decena de sus ciudades más importantes y nunca, así como lo leen, NUNCA he visto un mexicano mendigando, ¿por qué? Porque la gente va a trabajar, y con gusto hacen todos esos trabajos que los gringos desprecian (ver otra vez la frase de Ayn Rand dicha párrafos arriba). La única gente que he visto pidiendo limosna en Estados Unidos son a los mismos gringos, tanto blancos como negros, y casi todos en perfectas condiciones físicas.

Pero el odio de los gringos por los ilegales mexicanos seguirá ahí sin importar lo productivos que sean mis compatriotas. ¿Por qué? Porque lo diferente siempre crea rechazo, porque los humanos somos muy territoriales y no nos gustan los extraños, la gente diferente y si, para acabarla de fregar, los percibimos como una amenaza a nuestro bienestar, el repudio es mayor.

Ahora ¿es sólo culpa de los inmigrantes? En la gran mayoría de los casos, cuando alguien deja atrás su nación es porque la situación ahí es insostenible o se le presenta una mejor oportunidad en un país ajeno. Si eres feliz en tu tierra es difícil que salgas de ella.

A esta altura sólo he atacado a los extranjeros que no se adaptan a la tierra que los acoge, legal o ilegalmente, pero ¿ellos se fueron por gusto? La gran mayoría de las veces es por necesidad. Si le preguntan a esa gente que está lejos de su tierra, con gusto regresarían a ella, si pudieran.

Y aquí sale a la luz el otro gran culpable de la situación, el principal diría yo: el capitalismo voraz que dio origen al Neoimperialismo. Ese movimiento en que los países ricos se aprovechan de los pobres, con la ilusión que les dejan su autonomía e independencia cuando, en realidad, los tienen sometidos a través de deudas y otros compromisos comerciales y políticos.

Entiendo que siempre habrá ricos y pobres, así ha sido desde que la humanidad creó el concepto de civilización, y es algo que sólo se extinguirá con nosotros. Sin embargo, creo que hay límites de decencia para todo, y ese capitalismo voraz no tiene fondo.

Prueba de ello es que la brecha entre ricos y pobres se hace más grande con el paso del tiempo, y eso a los ricos no les interesa, porque justamente basan su riqueza en la necesidad del pobre, al cual le pagan una miseria por su valiosa fuerza de trabajo.

Recalco, eso ha sido desde siempre: en la Roma antigua, en la época precolombina, en el imperio chino, en la época feudal, en la revolución industrial, etcétera. Sin importar país o época siempre habrá ricos que se aprovechen de los pobres.

¿Pero hasta dónde es suficiente? Al parecer no hay límites, porque son pocos a los que les importa esta situación y, mientras sigan llenado sus arcas, son felices, sin importar la miseria ajena. El problema no sólo es la pobreza, sino la ignorancia. Voy a poner como ejemplo a mi propio país.

Durante décadas hemos vivido primordialmente bajo el yugo priista, apoyado en la Iglesia católica y Televisa, este Triunvirato está diseñado para explotar al pobre y favorecer al rico. Para perpetuar este sistema, no se le ha dado importancia a la educación así que, además de pobres, la gente se torna ignorante. Alguien ignorante no se destaca por su sentido común así que, aunque no tengan donde caerse muertos, se reproducen "porque es su misión divina". Así que la pobreza e ignorancia se multiplican.

Ya sé que no es culpa de nadie nacer pobre, y es por ello que son contados los casos que tuvieron el hambre y determinación para salir de dicha situación pero, la gran mayoría, se quedan en ese status quo en el cual nacieron. Como país esta situación es lamentable sin embargo, para los círculos del poder es muy conveniente, porque tienen más rebaño al cual exprimir y someter.

Ahora, la maquinaría capitalista es insaciable, por eso seguimos explotando los recursos de este hermoso planeta como si fueran ilimitados, en especial los recursos de los países pobres.

No me voy a alargar en este tema, sólo voy a decir que gracias a esta dinámica es que la miseria en el mundo se ha multiplicado. Gracias a esas situaciones de corrupción, pobreza y violencia, la gente se ve obligada a dejar su tierra, en busca de mejores oportunidades o, simplemente, mantenerse con vida.

¿Y a dónde van? Obviamente no van a ir a un lugar igual o peor del cual están huyendo, sino a uno mejor, en el cual puedan sentirse seguros y a gusto. Antes no eran gran cantidad, entonces era fácil arroparlos y adaptarlos en las distintas sociedades. Desde mi niñez he conocido gente extranjera que se ha quedado a radicar en México por conflictos militares y/o políticos en sus respectivos países (cubanos, chilenos, españoles, argentinos y demás) y estaban perfectamente adaptados a la cultura mexicana resultando muy productivos en sus actividades.

Pero ha llegado el punto en que la miseria es tal que ya está rebasando la capacidad de recepción de los países, están llegando más rápido de lo que se les puede adaptar. Obviamente también hay gente que no le echa ganas tampoco, pero eso ya lo analicé párrafos arriba.

El problema ya está alcanzando a los países ricos (y sí, aunque no seamos desarrollados, México es de los países ricos de este mundo), y eso ya no le gusta a la gente que ahí vive, y con justa razón. Pero tampoco es como que los refugiados hayan llegado por gusto, sino que de alguna forma se vieron obligados a emigrar.

Hay ejemplos de naciones inteligentes que atraen la crema y nata de los inmigrantes, como lo son Australia, Nueva Zelanda y Canadá, países que tienen programas muy eficientes para captar el talento extranjero y acoplarlo a su cultura. Y eso está bien para la gente desarrollada, pero para el resto de jodidos ¿quién les abre la puerta?

No me gusta ser fatalista (mentira, ¿a quién engaño?, me encanta ser fatalista), desde mi percepción ya hemos pasado el punto de no retorno, y el problema de los refugiados/inmigrantes, va a seguir creciendo. Ahora es un problema social relativamente importante del cual no se hablaba hace 20 años, a excepción de temas puntuales como la migración de mexicanos y centroamericanos a Estados Unidos, o de turcos a Alemania.

Ahora es un problema mundial que empieza a crecer como una bola de nieve y va a llegar el punto en que nos va a rebasar y ya nada se podrá hacer al respecto. Se dice que cuando el pobre ya no tenga que comer, se comerá al rico; y el rico lo tendrá merecido por haber explotado de más al pobre.

Cada vez que termino alguno de estos escritos, me alegro de no tener hijos.

Nueve del Julio del 2017

Yalitza Aparicio, Roma y el racismo mexicano.

¿Y por qué no? ¡Vamos a subirnos al tren del mame! Y es que honestamente no hay día, desde hace un par de meses, en que no se escuche algo de la película "Roma" de Alfonso Cuarón, así como de su protagonista: Yalitza Aparicio, una maestra oaxaqueña que hizo su incursión al mundo de la actuación a través de este homenaje que el director le hizo a la muchacha que se encargaba de la las labores de aseo en su casa.

PERO, aunque me estoy subiendo al tren del mame, NO voy a ser como el resto o, por lo menos eso espero, ya que voy a dar mi opinión sin ningún interés detrás o alguna postura mustia para ensalzar mis cualidades humanas.

Divido este escrito en cuatro partes y termino con un agradecimiento a Cuarón y a Yalitza.

La Película "Roma".

No me encantó. Ciertamente no es mal filme, pero tampoco lo considero bueno. Para mí es una más del cine de arte como hay muchas, y conste que he visto muchas películas de arte excepcionales (de hecho varias de mis películas favoritas son de arte), pero ésta no lo es.

Sin embargo hay que reconocer que Cuarón ya se ha hecho de un nombre en Hollywood y esa fama le ha ganado un sesgo positivo a todo lo que saque con su firma. Y es que, siendo honestos, si sacasen la misma película, pero con el nombre del (ficticio) director mexicano Héctor Méndez, créanme que ni en México hubiese sido difundida, ya no digamos celebrada y premiada.

Por eso me parece exagerado todos los premios, nominaciones y críticas positivas que está recibiendo porque, desde mi perspectiva, no es una obra que merezca tanta alharaca y/o atención.

¿Por qué no me gustó? La historia es sosa y lenta, las actuaciones no me atraparon, los personajes me resultaron faltos de interés y el argumento no es cosa del otro mundo. Sé que están contando la vida de una sirvienta así que ¿qué de emocionante puede tener? Y efectivamente, no hay nada que me haya hecho vibrar.

Obviamente no todo es cuestionable, ya que la fotografía es soberbia y la ambientación fue muy bien lograda, ya que me trajo muchos recuerdos de la infancia, y es que la ciudad de México de los 70s y los 80s tenían muchas similitudes, así que eso sí me regaló este filme: mucha nostalgia y recuerdos de mi niñez.

Tal vez por eso mismo no me pareció extraordinaria la historia, porque es algo muy similar a lo que vivieron muchas personas de mi generación, y como era algo que no me aportaba nada nuevo, pues simplemente no me enganchó ni me fascinó.

O, tal vez, me cayó mal toda el agua desperdiciada en la escena inicial (que según el creador es una alegoría las olas del mar con que cierra la historia), pero sólo podía pensar "¿Pero qué carajos están haciendo para desperdiciar tanta agua?" y resulta que era para limpiar las cacas del perro que, a pesar de tanto desperdicio ¡siempre estaba cagada la cochera! (no culpo al papá por irse ¬_¬).

En fin, tal vez si no hubiese habido tanto escándalo a su alrededor, seguramente la hubiera apreciado más, pero como los fantoches se la empezaron a dar de conocedores y hablar de una película que (muy probablemente) no les gustó, como si hubiese sido el máximo filme de la historia, y ahí fue el punto en que me empezó a gustar aún menos.

Para cerrar esta sección, simplemente no me agradó la obra, no tengo nada contra sus realizadores ni el elenco, porque normalmente paso a olvidar las películas que no me gustan, pero el mame apenas empezaba.

El efecto Yalitza Aparicio.

De pronto se empezó a volver mediática la protagonista y, por más que me hubiera gustado, no pude olvidar, de manera simple, el filme.

Por un lado vino todo el boom en Hollywood en donde se le veía en alfombras rojas, entregas de premios (y ganándolos), fiestas y/o galas en donde se codeó con los artistas más famosos de la industria del cine y de ahí muchas portadas de revistas importantes, entrevistas, sesiones de fotos y demás.

De la noche a la mañana la oaxaqueña se transformó en la nueva mascota de Hollywood, y no lo digo con desprecio, lo digo porque así funciona el mundo artístico: toman a la figura de moda, la explotan, la sobreexponen, todo el mundo se saca fotos con ella y, cuando cae en el olvido, ni quien voltee a verla.

Además Yalitza tiene algo que la hace más llamativa: es indígena, y eso le encanta a los gabachos, no el hecho de su raza y sus facciones, sino aprovechar cualquier oportunidad para evidenciar que no son racistas, discriminadores y les gusta aparentar que son incluyentes con todos. El caso es que, sin importar si es de manera auténtica o para aparentar, los extranjeros acogieron bien a Yalitza, celebrándola hasta la náusea. ¿Y en México?

Obviamente hubo mucha gente que la celebró, que la apoyó y se intentó colgar de su fama, tomando cualquier oportunidad disponible para fotografiarse a su lado y decir que siempre estuvieron con ella, aunque no supieran de su existencia hasta hace algunos meses.

Incluso llegaron los ridículos que llegaron a decir que es la expresión perfecta de la belleza mexicana. Y no, obviamente no estoy de acuerdo. Y no tiene nada que ver con su raza, ya que hay muchas otras mujeres de distintas razas y nacionalidad que tampoco me parecen atractivas, así que pensé "El mame ya está llegando demasiado lejos".

Pero, en donde no cayó bien su éxito fue en el gremio actoral en México, y las reacciones se dejaron venir de a poco. "Es que no actúa, ya que es una sirvienta de facto" por ahí, "es que no es actriz" por allá, "mi comentario fue broma" alguien más dijo.

El caso es que cada vez más comentarios agresivos se les "chispaban" a los actores mexicanos, orgullosos generadores de novelas, reality shows y demás programas de cuestionable nivel intelectual.

Obviamente había un nivel de envidia, reflejado en la alta potencia de ardor de cola de los que la critican, ya que ella (efectivamente) sin ser actriz, de la noche a la mañana, es reconocida a nivel internacional y empezó a codearse con la crema y nata del Stardom mundial por una actuación mediana.

Y no es que los comentarios de los actores en México carezcan de verdad. Estoy de acuerdo en que no actuó (porque no es actriz), también es cierto que sólo sacó su lado "chachesco" al momento de rodar el filme y definitivamente es producto de la fama inmerecida de un filme mediocre, y que ha ganado atención por su famoso creador.

Sin embargo, son figuras públicas, y no pueden andar soltando netas de ese calibre, sobre todo cuando ellos no han logrado esa atención y sus mayores "logros" son los premios TVyNovelas, revista cuya única aportación realmente valiosa son las chicas en bikini, esas que me acompañaron en los momentos de soledad en mi fallido matrimonio . . . .H_H . . . . ejem . . . continuemos con el tema ¬_¬.

Hablando de premios, la semana pasada salió una nota en que se decía que un grupo de actrices le iban a solicitar a los organizadores del "Ariel" (el Óscar mexicano) que no considerara a Yalitza Aparicio para dichos premios, lo cual me pareció un acto muy bajo, mezquino y/o ruin, y que refleja la poca calidad humana que hay en el gremio artístico (que a nadie sorprende), pero sobre todo la profunda envidia.

Aunque seas figura pública, también tienes sentimientos, y puedo entender la frustración de los actores cuando una actriz circunstancial se gana una atención mediática que ellos jamás van a gozar en su puta vida. Y, a pesar de ello, se deberían morder un huevo (o una chichi) y callarse, no andar dando su opinión honesta sobre el tema, no porque no sea real, sino por el ámbito en que se está dando, ya que sólo vas a quedar como ardido, lo cual es cierto, sin importar lo verídico de tu afirmación.

Es por eso que sólo deberían externarlo en sus círculos íntimos pero, por desgracia, ni ahí están a salvo. Lo cual me lleva a la siguiente sección.

Sergio Goyri.

Ayer surgió un vídeo del actor Sergio Goyri, mismo que estaba en una comida con familiares y amigos (no en un evento público) tirándole con todo a Yalitza: Que no sabía actuar, que era una pinche india, que tuvo suerte, que es una chacha y demás. Lo más triste del asunto es que quién lo grabo (tengo entendido) es su novia Ó_o.

Dicho video desató la ira de las redes sociales, los periódicos, revistas y toda la opinión pública, todos tirándole a Goyri y calificándolo como el peor ser humano que ha existido (casi casi desbanca a Hitler): que si es un racista, misógino, ardido, celoso y, en resumen, el peor hijo de puta que jamás ha existido. Todos los traumas de la "intachable" sociedad mexicana crucificando al veterano actor.

Ya después vino el video del señor ofreciendo disculpas y echándole flores a Yalitza, a Cuarón, diciendo que está orgulloso por ellos, que ojalá ganen el Óscar, que los lleva en su corazón y bla bla bla, todo lo que deben decir en el gremio en estos días, aunque realmente se sientan como Goyri.

También dijo que así hablamos los hombres en México (lo cual es cierto para la gran mayoría de los casos) y que sus palabras se sacaron de contexto porque el tema venía de otros tópicos.

Y sobre esto tengo tres comentarios:

A) A ver, TODOS tenemos pláticas con nuestro círculo privado, en donde expresamos las ideas más políticamente incorrectas que se puedan imaginar sobre los temas que quieran. Si me escucharan un día cualquiera en la oficina, podrían tacharme del peor ser humano que existe. Pero por eso son privadas, no las estás gritando a los cuatro vientos porque, se supone, estás con gente que te conoce y con la cual puedes expresarte sin temor a ser juzgado y estar abierto a un debate sano. Lo que hizo la mujer que lo grabó fue una de las traiciones más arteras que se pueden hacer, lo cual es más despreciable y censurable que lo que dijo Goyri.

B) Ahora, la reacción en redes me pareció de lo más falso, mustio e hipócrita, como decía cierto personaje divinizado "El que esté libre de pecado que lance la primera piedra" y en este país es difícil encontrar a alguien libre de ejercer el racismo, especialmente el que realizamos contra nuestros indígenas. Y no es necesario que digamos "¡Pinche indio!" que es aún más ofensivo que el "¡Pinche naco!" o que el "¡Pinche Pendejo!", sino que nuestro racismo viene en el maltrato, el regatearles, o la discriminación por sus rasgos que, a nuestros ojos, los hace inferiores. Ese racismo que se nos quedó tatuado desde la Colonia y que sigue grabado en nuestro inconsciente. La gran mayoría de la gente que crucificó a Goyri de una u otra manera no tiene la calidad moral para decírselo en su cara, pero se ven muy bonitos en redes sociales, publicaciones, videos y demás señalar al racista obvio y verse como incluyentes.

C) Finalmente, algo que se ha demostrado una y otra vez en la vida pública es que no hay publicidad "buena" o "mala", sólo hay publicidad. No me checa que la novia del señor lo haya grabado, porque perfectamente sabía el efecto que esto iba a tener. Obviamente ahora le está lloviendo sobre mojado, pero jamás en su puta vida su nombre se había mencionado tanto así que, estoy seguro, al final esto va a resultar benéfico para el actor.

Roma y el racismo mexicano.

Creo que ni el propio Cuarón se imaginaba el éxito que iba a tener su película, lo cual es innegable, ya que sea merecido o no ya es harina de otro costal. Pero mucho menos se iba a imaginar el impacto social y cultural que iba a tener en México.

Y es que hacer a una indígena protagonista de un filme ya era algo remarcable, pero que dicha obra trajera tanta atención, empezó a causar molestia entre muchos mexicanos, tanto famosos como los que no lo son.

Al empezar a aflorar las críticas, los memes, los chistes y demás, quedó demostrado que la película de Cuarón tuvo un impacto profundo en el inconsciente colectivo, mismo que jamás imaginó. Y es que el filme dejó de tratarse de una sirvienta, para tratarse de una indígena.

Y justo ése es el malestar de mucha gente: que una indígena tenga tantos reflectores, porque está bien que una Eiza González o una Salma Hayek llamen la atención, pero no la "india" de Yalitza Aparicio. Es como si pensaran "¿Pero cómo nos deja eso como país? ¡Van a pensar que todos somos unos indios!".

A ver, en gran parte del extranjero piensan que somos unos indios, así que eso no afecta la percepción, en realidad lo que ahora está viendo el extranjero es ese racismo endémico que tenemos en México, y es que el hecho de ser mestizos parece que nos hiciera muy superiores a los indígenas que tanto discriminamos.

Ésa es la molestia del mexicano estándar: que nos relacionen con Yalitza, porque a muchos les gusta creer que son una especie de europeos en el exilio, por eso se sienten identificados con las naciones de sus antepasados más que mexicanos, sólo se sienten de México a la hora de triunfos, por lo demás, ellos son como europeos atrapados en este país mugroso.

En fin, esto me lleva al Óscar, el cual no creo que vaya a ganar Yalitza (al parecer Glenn Close es la favorita), pero ha sido tanta la animadversión que ha generado la maestra oaxaqueña que, de todo corazón, espero que se lleve la estatuilla, para que siga generando malestar y nos siga mostrando la basura de personas que solemos ser en este país en cuanto a discriminación con nuestra propia gente.

Por otro lado, sé que si gana, va a seguir el mame de "Roma" más meses, lo cual ya me tiene agobiado, pero con tal de echarle más sal a la herida del racismo en México, estoy dispuesto a soportar más semanas con este pinche tema que hasta la madre ya me tiene.

Muchas gracias a Alfonso Cuarón y a Yalitza Aparicio, no por su película de hueva y su actuación sin chiste, sino por el efecto cultural que ha causado en este país y el desnudar gran parte de la mierda con la cual vivimos a diario.

16 de Febrero del 2019

¿Ahora sí acabará el racismo?

Aunque ya he escrito sobre el racismo en diversas oportunidades, el asesinato de George Floyd a manos de la policía de Minneapolis ha desencadenado una serie de protestas en Estados Unidos y muchas otras partes del mundo.

Han llegado a tanta intensidad que, pareciera, ahora sí se va a dar un paso definitivo a mitigar un poco ese sentimiento universal de racismo que habita en cada ser humano, ya sea de manera abierta o disimulada.

Pero antes de pasar al tema gringo, voy a empezar por mi propia parcela.

Racismo en México

El racismo ha estado presente en la humanidad desde que tenemos el concepto de civilización, y en México esa discriminación se expande no sólo a la raza, sino al estado socioeconómico, manera de vestir, de hablar, creencias, hobbies y cualquier pretexto que se nos brinde la oportunidad de ofender y hacer menos al otro.

El caso de México es muy curioso, porque no discrimina a la gente de afuera o diferente, de hecho somos muy amigables y permisivos con los extranjeros, mientras no sean más pobres que nosotros. En realidad en México somos racistas contra nosotros mismos. Y voy a tomar tres ejemplos de un universo amplio de casos.

Éste es de la semana pasada. La gente ha criticado a Lala en redes sociales por mostrar en sus cartones de Leche a una familia blanca cuando la mayoría de la población en este país es morena y con rasgos mestizos tirándole a indígenas.

Lo chistoso de esta crítica es que, culturalmente, se hace la misma discriminación a diario con gente fea, morena, indígena y demás, pero como es más fácil sentirse "limpios" sí critican este racismo en una marca conocida, en lugar de hacer consciente el propio, pues estamos llenos de defensores de la auténtica "mexicanidad".

Además, no sólo Lala, sino cualquier marca en México sabe que, si pone a gente morena en sus imágenes, el producto va a ser menos atractivo, ya que el mexicano siempre va a privilegiar lo blanco sobre lo moreno para tomar sus decisiones.

Este mismo efecto lo he visto en los últimos meses en Puebla, una de las ciudades más discriminadoras de México (si no es que la más), porque aquí todos se creen extranjeros. En esta ciudad se organizan eventos llamados "Expo Tu Boda" con modelos guapas y de facciones europeas y, la única ocasión en que mostraron a una chica mestiza, le metieron filtros, maquillaje y hasta pupilentes para que se viera más sajona.

Y es que la sociedad en México siempre es aspiracional, pero no siempre lo enfocan de manera productiva, como desarrollarse a nivel personal, social, profesional o económico, sino más bien atacando sus raíces y creyéndose más importantes que los demás por el simple hecho de tener algo de poder económico o social. Ahora sí que les dan un poquito de poder, se suben a su ladrillito, se marean y sacan el naco que llevan dentro.

Es que decir "naco" es discriminador, ¡pues sí! Pero a diferencia de lo que muchos creen, el adjetivo naco no sólo se aplica a gente pobre y/o morena. Un naco puede ser blanco, tener mucho dinero o incluso poder, pero siempre sacara lo mierda que es en realidad, sólo falta que tenga una oportunidad de aprovecharse o humillar a alguien con su superioridad.

Así que en México estamos llenos de nacos, porque de hecho son la mayoría de la población, incluso yo he pecado de naco en diversas oportunidades, aunque no me sienta propiamente orgulloso de ello.

El tercer y último ejemplo de este apartado se le dedica a la (cada vez menos) famosa Yalitza Aparicio, a la cual ya le dediqué todo un escrito y las criticas desmedidas que recibió en su propio país, mientras que el resto del mundo le aplaudía.

Ahora, como mencioné en su momento en el escrito sobre "Roma", personalmente me pareció un filme poco interesante y una

actuación mediocre por parte de Aparicio, pero eso no tiene nada que
ver con su persona, simplemente no me gustó el filme ni su
interpretación, y ahí la estoy tratando como un ser humano, no como
"Yalitza la india" que muchos tachaban. Porque no importa su raza,
si hizo un mal trabajo, se dice y ya.

Sin embargo, la mayoría de mexicanos la atacaban por su
raza, su apariencia, su origen, sus facciones y todo lo que pudieran,
además les ardía que tuviera reconocimiento a nivel mundial. Y ahí
demostraban esas creencias arcaicas que traemos desde la época de la
conquista que en todo lo indígena es malo y todo lo blanco o europeo
es bueno.

El Negrito

Este tema ya lo toque más a fondo en "La Mustia apariencia
del Nito", pero sirve de puente para enlazar el tema con nuestros
vecinos del norte, ya que su influencia mojigata siempre se quiere
meter en nuestros asuntos.

Me enojé mucho cuando le cambiaron de nombre al
"Negrito" para ponerle "Nito", además que pusieron un niño blanco
en la envoltura para no ofender a nadie, adicionalmente que me
fastidió que ahora sabe de la chingada dicho pastelillo, pero ése es
otro tema.

Bimbo hizo ese cambio porque estaba introduciendo sus
productos al sur de Estados Unidos, especialmente en las zonas con
amplia representación latina, pero se las hicieron de jamón cuando se
enteraron de que tenían un producto llamado "Negrito", ya que podía
ofender a la comunidad negra.

Así que Bimbo, más por negocio que por auténtica
preocupación, no sólo cambió la presentación del producto que iba a
vender en Estados Unidos, sino que lo hizo en todos los países, y
todavía lo hizo con bombo y platillo diciendo que vivíamos en una
época en donde no se podía permitir esa discriminación hacia la
gente negra.

Pero acá en México nunca nadie lo vio como algo malo
¡porque no tenemos negros! O son un porcentaje muy bajo de la

población, así que cuando vemos algunos nos produce más curiosidad que un sentimiento de discriminación.

Memín Pingüin

Sin embargo, los gringos proyectan sus prejuicios en los demás, es por ello que tacharon de racista el comic de "Memín Pingüin", el cual muestra a un protagonista negro en situaciones chuscas y, a ojos de muchos, humillantes.

El problema es que se está juzgando una obra que se gestó antes de los años 60s, pero con valores de cinco décadas después. Aunque muchos no lo vean así, creo que tener un protagonista negro en una historieta de tanto éxito hizo más bien que mal en su momento. Además no es como que el protagonista fuese todo el tiempo "malo", porque también mostraban cosas buenas.

El caso es que dicha historieta fue publicada hasta el 2016 y sucumbió ante tanta presión social por llamarla racista algo que, en el momento de su concepción, no debió haber sido así. No creo que la creadora haya dicho "Vamos a hacer una historia racista para joder a los pinches negros".

Al contrario, creo que sólo quería hacer una historia interesante y casualmente su personaje fue un negro pero, probablemente, más por quererlos que por odiarlos ya que si ése hubiese sido el caso, ni siquiera hubiera aparecido en la serie, ya no digamos como protagonista.

Ahora, porque no tengamos una animadversión hacia los negros no quiere decir que en México no haya racismo, porque hemos de ser de las naciones más discriminadoras del mundo. Pero ya hablé mucho de mi país, ahora vamos con el caso gringo que es igual de interesante y profundo que el nuestro, aunque con distintas características.

El racismo sistemático (El privilegio de ser blanco)

He ido en muchas ocasiones a Estados Unidos, visitando diversas ciudades gracias a mi pasión por la NFL. A pesar de que soy moreno y latino, no recuerdo en este momento alguien que haya sido rudo, grosero o discriminador conmigo, o por lo menos no lo tengo presente.

Pero eso tiene una explicación: soy turista, voy a gastar en su país y luego me regreso al mío, y supongo que la gente así lo percibe en mi lenguaje y mi manera de vestir (sólo es mi suposición).

Lo que puedo decir que la gente más grosera y violenta que he visto (no conmigo pero sí con otros) son los negros. Ellos dicen que es producto de toda la discriminación que han sufrido en dicho país desde las épocas de la esclavitud.

De hecho, esa misma discriminación también la viven otras razas en Estados Unidos, como los árabes, asiáticos y latinos, con la salvedad que ellos aguantan vara y siguen trabajando hasta adaptarse y salir adelante en la sociedad. Lo cual me sirve de ejemplo para bajarle un poco a la victimización que hacen los negros de su causa, pero como el tema de este escrito es racismo, vamos a seguir por esa línea.

Los negros dicen que hay un racismo sistemático en su contra, ya que los arrestan a la primera oportunidad, los matan al mínimo pretexto, que no les dan oportunidades iguales de desarrollo que los blancos (como créditos, becas o trabajos) y demás.

Y sí, creo que todo eso es verdad y que se ha formado un círculo vicioso. Ya que si yo, como turista, tengo una impresión generalizada de que los negros son conflictivos (porque son buenos para hacerse las víctimas, pero no mencionan como ellos hostigan a otras razas también), pues imaginen a alguien que vive allá la impresión que debe tener de ellos.

Ellos dicen que no les dan oportunidades de desarrollo, por eso muchos terminan en círculos turbios, así que eso les dificulta ser tomados en serio para dichas oportunidades. Y ahí creo que tienen razón, porque no creo que se les deban dar privilegios sólo porque son negros, pero que sí se les dé el acceso a oportunidades similares de desarrollo para salir del hueco en que los ha metido la sociedad gringa durante siglos. Lo cual me lleva al siguiente punto.

No dádivas, oportunidades iguales

Estoy de acuerdo en que a todo el mundo se le considere con la misma importancia para tener acceso a similares oportunidades que al resto, pero no que les obsequies dádivas por su color de piel, raza o inclinación sexual.

En el mundo actual, tan correctito, ahora debes contratar un negro, una mujer (si está embarazada mejor), un indígena, un gay, un vegano, un transexual, un asiático, un inválido y demás para que seas una empresa responsable, esto sin importar si son los mejores para el trabajo o no.

Pero las empresas que hacen eso creen que son "buenas" por darles esas limosnas a unos cuantos y así pueden seguir con la mayoría sajona que tienen en su plantilla "al fin que ya le di una limosna a los grupos marginados"

Para mí, lo realmente digno y humano sería que se les den iguales oportunidades a las minorías, no limosnas o dádivas, mismas que confirman las creencias de que esos "blancos generosos" son superiores por el hecho de darnos trabajo en su gran empresa. Y ni son tan generosos ni lo hacen de manera auténtica, porque la mayor parte del tiempo lo hacen para verse bien y venderse ante la sociedad como incluyentes.

Esto apenas se ejemplificó muy bien en la NFL.

La Regla Rooney.

En esa misma actitud mojigata, recientemente la NFL tuvo una idea que se me hizo de lo más estúpida, ya que proponía una regla de subir 10 lugares, en la tercera ronda del draft, a aquel equipo que contratara un gerente general o entrenador de una minoría.

No fui el único que se encabronó con dicha propuesta, ya que mucha gente del medio la criticó durísimo (de todas las etnias) y el argumento es el mismo que ya expuse: no los contrates por su raza, contrátalos por su capacidad.

Si esa regla hubiera pasado, se daba a entender que le estaban dando una limosna a los candidatos de las minorías, evidenciando que su capacidad no es suficiente, así que tenían que premiar al "pobre" equipo que se sacrificó por haberles hecho el favor de contratarlos.

En lugar de una regla tan estúpida e injusta, felizmente la NFL amplió la regla Rooney, misma que pide a los equipos entrevistar por lo menos a un candidato de una minoría para los puestos arriba mencionados. Ahora son más candidatos y más puestos a los que aplica, sin ninguna compensación por hacerlo, pero sí con castigados si no se hace. Pero, por lo menos, no les están regalando nada palpable a las minorías, sólo les están asegurando una oportunidad, y ahí es donde radica este asunto.

Ahora, ésa es una buena de la NFL, pero tienen mucha cola que les pisen en esto del racismo.

Una liga de negros dirigida por blancos

Para el 2020 se estima que el 70% de todos los jugadores de la NFL van a ser negros, así que era obvio que las protestas del Black Lives Matter les iban a ser muy importante.

¿Qué hizo la NFL? Primero sacar un comunicado pedorro, como han hecho todas las grandes compañías desde que empezó esto tipo: "Rechazamos el racismo y somos una liga que siempre vela por los intereses de igualdad, respeto y justicia entre sus integrantes y la sociedad en general", o sea el mensaje estándar que se espera ante todas estas situaciones.

Sin embargo, los jugadores se le fueron encima al comisionado, ya que ellos han vivido el racismo en la liga, a pesar de ser la mayoría. Y como ejemplo tenemos a Colin Kaepernick, mismo que se vio boicoteado por la NFL, esto al arrodillarse en el himno como protesta por la brutalidad policial hacia los negros, lo cual le costó la carrera. Como jugador siempre me cagó Kaepernick pero, ciertamente, hay que reconocer el impacto social que ha tenido, lo cual le va asegurar un lugar en los libros de historia como activista, algo que nunca iba a conseguir como mariscal de campo.

Así que la NFL reculó y días después ya sacó un comunicado más honesto, en el cual admitía que no había escuchado a sus jugadores y sus protestas, que no había hecho suficiente por la equidad y que se comprometía a tener una actitud más abierta para asegurarla en todos sus niveles, mensaje que fue más real y que se dio después de que los propios jugadores habían hecho un vídeo por su cuenta condenando el racismo en su sociedad.

Y como la NFL es igual de mustia, convenenciera y oportunista como la sociedad en la cual se mueve, no dudo que algún equipo vaya a contratar a Kaepernick, no tanto por su talento (que ciertamente lo tiene), sino para verse bien ante la sociedad. Como si eso borrara los tres años que lo han tenido ignorado.

Y es que así se mueve la NFL y la sociedad gringa, y para ello otro ejemplo muy cínico. Recientemente entrevistaron al entrenador de los 49s de San Francisco, Kyle Shanahan, que para verse bien afirmó escandalosamente: "¿Cómo es posible que sólo tengamos cuatro entrenadores de minorías y dos gerentes generales negros en la NFL? ¡Es ilógico!" y sí, lo que dice es cierto, considerando que la gran mayoría de jugadores son de raza negra, pero digamos que el mensajero no fue el más congruente para hacerse el sorprendido.

Lo irónico del asunto es que Kyle Shanahan se ha visto bendecido por esa red de contactos de la NFL, en donde importa tanto tu capacidad como a quién conoces o de qué familia provienes. Kyle se ha beneficiado del nepotismo que suele haber en la NFL como hijo de Mike Shanahan. Así que antes de todo este asunto del "Black Lives Matter" ¿por qué no dijo nada? Él es beneficiario de dicho sistema y ahora se hace el ofendido. ¡Ah! Pero ahora se ve bien al decirlo, porque aparenta ser una persona inclusiva.

Y ahí radica un gran problema de este asunto del racismo, en especial del gringo: pretender que les importa, y eso es lo que más enoja a los negros.

La cultura de la pretensión

Si ya arrestaron a los asesinos de George Floyd y, seguramente, los van a condenar a muchos años de prisión, ¿por qué siguen las protestas en Estados Unidos? Porque los negros ya han vivido esto, porque saben que los blancos hacen como que les importa para después regresar a las viejas prácticas como si nada hubiese pasado. Es por ello que los negros, con justa razón, ya se cansaron de ello.

Eso lo podemos ver con todas las compañías que han anunciado apoyo (en millones de dólares) para instituciones que luchan contra la discriminación o promueven la equidad. Pero la gran mayoría de esas empresas no lo hacen de corazón, lo hacen por publicidad, por deducir impuestos, por subirse al tren del mame y, al igual que Shanahan, para verse bien, como si fuesen incluyentes.

¿Por qué no lo hicieron antes? ¿Por qué donar a otras instituciones en lugar de hacer cambios internos? Porque de fondo no les interesa, sólo les importa quedar bien ante el público, y seguirán haciendo esas donaciones y comunicados con el tema de moda, ya sea discriminación contra negros, mujeres, gays, transexuales, inmigrantes o cualquier cosa que les pueda traer beneficios de imagen ante la sociedad.

Dentro de esa cultura de la pretensión, recién vi una imagen que en verdad me encabronó, y eso que no soy negro ni gringo y aún sí me pareció insultante para la situación. Y es que el alcalde de Minneapolis, en donde mataron a George Floyd, fue filmado llorando ante del féretro del finado. Las lágrimas, y la pasión con que las soltaba, resultaban poco creíbles, ya que era como si se le hubiera muerto un ser muy cercano, cuando en realidad ni lo conoció.

Esas lágrimas de cocodrilo que muchos blancos sacan, se hincan y muestran sus caras de compungidos, como si no hubiesen sido partícipes del racismo sistemático que sufren los negros (y otras razas) en Estados Unidos, y ahora simplemente dicen "Perdón, no lo sabíamos", cuando la realidad es que han sido parte de ello a lo largo de su vida.

Pero estos no son los únicos que están insultando el movimiento "Black Lives Matter", porque hay una sección muy despreciable que está sacando provecho de todo esto.

Los irrespetuosos influencers

Me cagan los autonombrados influencers, si alguien se pone dicha etiqueta en automático pasa a ser alguien infrahumano para mí, y es que dichos sujetos son de lo más asqueroso que ha traído la generación de Mazapán (O sea Millennials y Centennials) a este mundo.

Es increíble como una generación con piel tan delgadita tenga una capacidad de ofender tanto y de ser tan irrespetuosos. Menciono esto porque han circulado muchos vídeos en Twitter de gente que va y se mete en medio de las protestas para sacarse fotos, u otras que salen en poses como si ayudaran o que la situación les importa pero, una vez que tienen la imagen o el vídeo, se retiran "porque no es su pedo", sólo les gusta pretender que les importa.

Pero no sólo ahí llega su poca empatía y respeto por la situación. De hecho ha empezado a circular en redes una estupidez llamada el "George Floyd Challenge" en donde la gente pendeja recrea el arresto y asesinato del sujeto en cuestión. Lo cual no sólo me parece de mal gusto, sino que evidencia la basura de gente que dice de dientes para afuera que les importa la situación, cuando sólo es un pretexto para ganar seguidores.

Finalmente, algo que nunca he entendido de qué sirve, a raíz de las protestas, muchos empezaron a poner sus avatars como pantallas negras esto, según ellos, para apoyar el movimiento. Pero dichas pantallas negras sirven para dos cosas, igual que las pantallas arcoíris (para los gays) o púrpuras (para las feministas): para nada y para lo mismo. Pero la gente se siente bien de que "son parte del cambio" (¡Mis bolas!)

El verdadero cambio.

Aunque no es mi batalla, me alegro que los negros sigan exigiendo sus derechos y espero, de corazón, lo logren. Ahora, en verdad, no serían necesarias dichas protestas alrededor del mundo, si la gente educara a sus hijos de manera sensata y respetuosa. La base del desarrollo de la humanidad radica en la educación que uno recibe desde pequeño.

Podrás poner todas las pantallas negras del mundo, sacarte fotos en la protesta y hacer declaraciones bonitas, pero nada de eso va a cambiar la realidad. Y no va a cambiar con poses de la generación de mazapán que se concentra en todo lo que les ofende: no hagas chistes de negros, no hagas memes de negros, no les digas negros a los negros.

No es lo mismo las cosas por las que te ofendes, pero que no hacen un daño material, que las verdaderas vejaciones a los derechos de una persona: como las oportunidades de trabajo, de estudio, de desarrollo en general, de libertad y justicia. El respeto que le das a esa persona frente a frente, sin importar que sea negro, indígena, pobre, inválido o cualquier otra característica.

Desgraciadamente, esa falta de educación es el resultado de lo que te enseñan en casa pero, como a la gran mayoría de los padres tuvieron a sus hijos "porque debieron" no tuvieron esa vocación de educarlos y dejan que una pantalla los forme por ellos y ahí tenemos los resultados.

Ojalá la gente hiciera consciencia de lo que hace, y deja de hacer, para que el mundo no sea equitativo, en lugar de sólo querer verse bien ante el tema de moda. Aunque sabemos que eso nunca va a pasar y que, por desgracia, es muy factible que nada cambie con el racismo en el mundo (no sólo en Estados Unidos) tras todas estas protestas. Espero equivocarme.

Ocho de Junio del 2020

Atole con el dedo contra el racismo

Aunque apenas escribí sobre el problema del racismo, en donde me cuestionaba si en verdad iba a terminar, estoy viendo ejemplos de muchas cosas que están cambiando; ¿son útiles dichos cambios? Honestamente no lo creo, más bien creo que son acciones huecas que llaman mucho la atención pero que no resuelven el problema de raíz, así que analicemos los temas.

Lo que el Viento se llevó

Todos sabemos que las empresas sólo están en busca del tema social de moda para subirse al tren del mame y sacar provecho de ello. Así que ante las constantes manifestaciones en Estados Unidos por el Black Lives Matter, de buenas a primeras (y sin que nadie se los pidiera) HBO anunció que iba a quitar de su programación "Gone to the Wind" ("Lo que el viento se llevó"), ya que consideraba que la obra ensalzaba la esclavitud, lo cual "no iba con los tiempos de inclusión en que queremos vivir"

El problema es que se metieron con un filme histórico, considerado entre los mejores de todos los tiempos, así que las críticas por dicha acción también se hicieron escuchar, por lo que HBO la regresó a su programación, agregando una advertencia que dicha película es "insensible" con la esclavitud.

Esa advertencia me recuerda cuando le pusieron a las capas una que decía "Esta capa no sirve para volar" para que los niños no se aventaran del techo y no demandaran al fabricante. Así que HBO puso ese mensaje para que no lo vayan a acusar de promover la esclavitud.

Si nos ponemos a analizar, la obra fue filmada en 1939, hace más de 80 años, y refleja una realidad en la época de la guerra civil gringa, en donde el tema de la esclavitud estaba apenas por abolirse. El filme está basado en una novela de 1936, así que hay que considerar que la forma que tenían de ver el mundo en aquellos años (de segregación) era muy distinta.

Seguramente, cuando realizaron el filme, a nadie le pasó por la cabeza el ofender a alguien o denigrar a otros, simplemente hicieron una obra histórica sobre una de las etapas más relevantes del pasado gringo, lo cual ni siquiera es la trama principal, ya que sirve de marco para una historia de amor.

¡Ah! Pero la gente es pendeja, y en generaciones recientes esa característica viene recargada, así que se ofenden por algo que ni siquiera fue en su tiempo y que fue hecho en otra realidad.

Al final para HBO resultó un éxito redondo el movimiento: quedan bien con los ofendidos con su advertencia, quedan bien con el público no ofendido al regresarla a la programación y se hicieron de publicidad para que la gente vea la película en su canal. Además su imagen se mejoró, con su actitud correctita, al pasar por una empresa "incluyente y responsable", que muy pocas lo son en realidad, sólo que a la mayoría les gusta pretender que sí.

Ahora vamos a un caso de autocensura retroactiva.

Friends

Martha Kaufmann, co-creadora de la serie "Friends", recientemente ofreció disculpas porque todos sus protagonistas eran blancos y heterosexuales y que, de haber sabido todo lo que sabe ahora, lo hubiera hecho diferente.

Primero, considerando la sociedad de apariencias que es la gabacha, creo que la disculpa de la Sra. Kaufmann no es honesta y sólo es para cuidar su imagen personal (típica actitud hipócrita gringa). Aclarado el punto, ¿por qué se debe disculpar? Ella, junto con David Crane, así concibieron la serie, y fue una buena decisión porque fue un gran éxito.

Durante la década que fue transmitida, nunca supe de que alguien se quejara de que fuese discriminadora (porque los Millennials apenas eran niños y sin gran poder mediático), así que la gente simplemente la disfrutaba.

Desgraciadamente ese pensamiento que expresó la Sra. Kaufmann va a ser la norma en las obras actuales, ya nadie va a ser libre de diseñar su programa, película o historia como se le pegué la gana, ahora a huevo va a tener que incluir personajes gays, negros, trans, latinos, asiáticos, nativos y cualquier cosa que se les ocurra. No importa que tu argumento se desarrolle en la antigua Roma, vas a tener que incluir personajes negros para que no te tachen de racista, aunque sea totalmente ridículo.

Además, no es como que tengan prohibido hacer series de negros, de hecho las ha habido muy exitosas como "El Príncipe del Rap", "El Show de Bill Cosby", "Kenan y Kel", "Webster" o "Blanco y negro" (aunque en estas dos últimas eran protagonistas blancos y negros), ¿Por qué nadie la hizo de pedo que no había personajes latinos o asiáticos en dichas series? ¿Por qué los creativos negros sí pueden hacer una serie con personajes de su raza y no deben ofrecer disculpas por no ser más incluyentes? ¿Por qué unos sí y otros no?

¿Dónde demonios queda la libertad creativa? ¿La libertad de expresión? Así como la gente es capaz de hacer una historia con la totalidad de sus personajes gays, negros, latinos, trans y lo que se les ocurra, ¿por qué demonios no se puede hacer una serie con protagonistas heterosexuales y blancos? ¿Qué sigue? ¿Voy a tener que buscarme amigos con distintas características para que no sea considerado racista? O, cuando vea porno, ¿no me van a desbloquear los videos de actrices blancas hasta que vea una negra, una asiática y una trans? ¡Es una verdadera pendejada! Como se demuestran en los siguientes datos.

¿Justicia o imposición?

Analizando los números, el 61% de la población en Estados Unidos es blanca (77% si contamos a hispanos blancos), así que es obvio que la mayoría de sus protagonistas sean de dicha raza, ¿saben cuál es el porcentaje de negros? 13%, de hecho hay más hispanos en Estados Unidos con el 18% (y sigue creciendo dicho porcentaje), pero no ven a latinos haciéndola de pedo ¿verdad? Porque no nos gusta tirarnos al suelo y hacernos las víctimas (Sólo cuando estamos en nuestros propios países nos gusta hacerlo), y eso que sufrimos iguales o peores discriminaciones que los negros (tanto de los blancos como de los propios negros).

Volviendo al tema, ¿saben cuál es el porcentaje de la población LGBT y todas las otras letras en Estados Unidos? 4.5%.

¿Cuál es el porcentaje de población asiática en el mismo país? 6% ¡Ah! Y el 1.5% son nativos (de Alaska, Hawái e indios americanos) ¿A qué voy con estas cifras? Que es ridículo e insostenible que quieran tener un representante de cada grupo en las series o películas, ¡porque no lo justifica! Estoy de acuerdo en que cada cual haga la serie que le plazca pero, dadas las cifras, es obvio que la mayoría blanca prevalezca. Menciono las cifras de Estados Unidos porque de ahí vienen las series y películas más populares y consumidas del mundo.

Si analizamos la realidad mexicana, ahí es súper evidente el racismo de las series, cuando la mayoría de la población es mestiza, pero primordialmente vemos, en los medios, personas blancas o "eurodescendientes". Eso sin contar que el 22% de la población es indígena y no vemos a ningún representante relevante de dicha etnia en los medios y cuando salió Yalitza Aparicio, le tiraron con todo, justamente por su raza. Pero el tema de México ya lo toqué en otros escritos, porque nuestra realidad es diferente (ojo, no precisamente mejor) a la gabacha, así que volvamos con nuestros vecinos del norte.

Al intentar ser "incluyentes", en realidad los gringos están vulnerando el derecho de la gente a crear lo que le nazca, lo que le convenza y la deje satisfecha, y ahora deben cumplir reglas con las que igual y no están muy convencidos pero, de lo contrario, se arriesgan a ser censurados y atacados por ser "racistas" y "discriminadores", sólo por querer hacer una obra a su gusto. Ahora no sólo es suficiente con estar representados, porque son voraces con sus demandas y su actitud ofendida.

¿Congruencia racial y sexual?

Justo esta semana Fox, que ahora le pertenece a Disney, hizo anuncios que personajes no-blancos de series como "Los Simpson" o "Padre de Familia", ya no serán doblados por actores blancos, sino que serán de la raza a la cual representan. Al leer eso mi incredulidad fue enorme, y no me ofendí tanto porque son series que he dejado de ver desde hace muchos años, pero aun así me parece una medida demagógica.

Aquí la duda no es la raza del actor que representa sino, ¿son los mejores en su trabajo? O, cuando le des el papel de un personaje negro a alguien de esa raza, ¿lo estás haciendo por su talento o por su color de piel? Cuando hicieron el casting original de dichas series, seguramente se presentaron actores de varias razas y, supongo yo, quedaron los más capaces. Considerando eso, ¿por qué cambiar ahora? ¿Acaso alguien se quejó de que "Ese wey no suena lo suficientemente negro"? a pesar que durante años lo hizo muy bien (de lo contrario lo hubieran corrido).

Eso me recuerda que hace un par de años hubo un escándalo porque (mi novia) Scarlett Johansson iba a interpretar a un personaje transexual en un filme llamado "Rub & Tug", a lo que la comunidad LGTBWXYZ se quejó amargamente porque el papel debía ser interpretado por un actor transexual, por lo que al final Scarlett se hizo a un lado y abandonó el proyecto para que dejaran de estarla jodiendo (Al fin que lo que le sobran son papeles a interpretar).

Vuelvo a lo mismo, si el director eligió a Scarlett fue por su talento, atractivo y popularidad, lo cual le daba buenas probabilidades de éxito (no totales como vimos en la adaptación de "Ghost in the Shell" o en "Lucy"), además ¿Cuántas actrices transexuales de renombre conocen? ¿Entonces le debía dar el papel sólo por su estado sexual? ¿Acaso eso no es igual de discriminador que dárselo a Johansson?

Además, al salirse Scarlett del proyecto el filme sigue sin realizarse, de hecho está en pausa y aquí me pregunto, ¿qué era mejor? ¿Dejar que Johansson le hiciera promoción a un personaje relevante del movimiento trans y que más gente conociera su historia? ¿O dejarla en el limbo y que nadie sepa quién era dicha persona? Todo por la pinche necedad de que "Debe ser un actor trans".

Es como cuando hicieron la película de la vida de Cantinflas y el papel del cómico mexicano se lo dieron a Óscar Jaenada, que es español. ¿Acaso alguien la hizo de pedo? Seguramente sí, aunque no recibieron mucha difusión, además que el actor hizo una gran interpretación del cómico mexicano, así que demostró que su elección fue adecuada. Y así debería ser en todo: elegir al más capaz, sin importar sus características personales, por algo son actores: para interpretar una diversidad de personajes.

Es como que en mi trabajo, de pronto corren a uno de mis compañeros, porque "ya tenemos muchos hombres blancos heterosexuales en el área" y traen a un indígena transexual en su lugar, ¿acaso es el más capaz? ¿Acaso se ganó el puesto por su habilidad? ¿O se lo dieron simplemente por quedar bien?

La indeseable "negrura" de las marcas

Como mencioné en el caso de HBO, las empresas aprovechan cualquier movimiento de moda para pretender que apoyan y son capaces de hacer lo que sea con tal de ganar publicidad gratuita al intentar verse bien ante la sociedad.

Por ejemplo, en España recientemente anunciaron que van a cambiar la imagen de unos chocolates llamados "Conguitos" y que tienen la imagen de un negrito en la envoltura. Esto, según ellos, para apoyar el movimiento "Black Lives matter" y hacer del mundo un lugar más incluyente.

Eso me recordó el caso del "Negrito" de Bimbo que cambió al "Nito" por la presión de los gringos, tema que traté ampliamente en "La mustia apariencia del Nito" así que, de igual forma, a mi parecer fue un movimiento de más, ya que si nadie se quejaba de que eran discriminatorios, ¿para qué demonios componer lo que no está roto?

Siguiendo con negros como presentación de un producto, recientemente Quaker (que le pertenece a Pepsi) anunció que va a cambiar la imagen de la harina para Hot Cakes de la Tía Jemima, que es una marca reconocida a nivel mundial.

La razón de dicho cambio es que la Tía Jemima está basada en las esclavas del siglo XIX en Estados Unidos y no es una imagen que quieran seguir utilizando, a pesar de ser una marca que lleva más de 130 años vendiéndose exitosamente. Esto sin contar que están ignorando que fue una negra que, a pesar de ser esclava, fue lo suficientemente relevante para que su imagen fuese perpetuada a través de una marca de Hot Cakes (Nadie dijo que sólo los Mozart o los Beethoven tienen derecho a la inmortalidad).

Personalmente siempre que veía la imagen de la Tía Jemima, me parecía alguien risueña y cariñosa, lo cual me hacía disfrutar más los Hot Cakes con esa cara sonriente. Nunca me pasó por la cabeza que fuese una esclava y, aunque así hubiera sido, ¿En qué afecta cuando es una mujer negra feliz?

En mi entendimiento, la Tía Jemima es una imagen positiva para la raza negra, ya que se relaciona con algo rico (como unos Hot Cakes) además de que la muestran sonriente y agradable. No es como que el empaque tuviera a una negra siendo mancillada por sus amos. Pero como a los gringos les encanta hacerle a la mamada, con tal de verse bien, pues la Tía Jemima será retirada de los empaques quitándonos una sonrisa agradable y cálida con la cual muchos crecimos.

Para cerrar esta sección, recientemente L'Oréal anunció que va a quitar las palabras "claro", "blanquear" y "blanqueador" de sus productos lo cual, seguramente, va a anular de inmediato la necesidad de la gente que quiere tener una piel más clara, ya que dichos términos son racistas.

Como si la gente vaya a dejar de comprarlos porque usan dichos términos, o como si eso fuese a terminar con el uso de cualquier recurso para verse más blancas y, por ende, atractivas. Lo cual es relativo, ya que ¿para qué cambias tu físico intentando agradar a los demás cuando no te gustas tú misma? Al final sigue siendo una mentira, pero ése es tema de otro escrito.

Demoliendo estatuas.

Algo que ha cobrado mucha visibilidad dentro de las protestas de Black Lives Matter, son las estatuas que han retirado, aunque no creo que todas se justifiquen del todo. Obviamente la de racistas comprobados no hay nada que cuestionar, estoy totalmente de acuerdo. Aun así, tocaré el tema en el siguiente apartado.

Hay dos estatuas en particular que me llaman la atención, y que son de exdueños de la NFL. Primero fue la estatua de George

Preston Marshall, quien fue el propietario original de los Pieles Rojas de Washington, cuyo monumento fue retirado del antiguo estadio del equipo: el Robert F. Kennedy.

La justificación fue que los Redskins fueron los últimos en incorporar a jugadores negros a su roster (y eso porque los obligaron), además de que el dueño era abiertamente racista. Así que, viéndolo desde ese enfoque, es correcto que lo hayan quitado por su abierto odio a las minorías pero, me pregunto, ¿Cuál fue el motivo por el que le erigieron la estatua? ¿Por su persona o por su legado a la liga?

El Señor Marshall no sólo era racista, sino que también fue innovador para la NFL, ya que fue de los que promovieron el pase hacia adelante o que los partidos fuesen televisados. Viéndolo desde esa perspectiva, fue una persona muy importante para el desarrollo de liga, por lo cual se le levantó la estatua para homenajearlo, eso sin contar que, gracias a él, la capital gringa tiene un equipo de NFL, porque antes estaban en Boston.

Si el monumento hubiese sido para reconocerle sus aportaciones a la igualdad, estoy de acuerdo en que la hubieran retirado pero, como fue por su contribución a la NFL, me parece que el retirarla fue injusto y una muestra más de esa hipócrita necesidad del gringo de verse bien.

La otra estatua que en verdad me pareció una exageración fue la del expropietario de las Panteras de Carolina, Jerry Richardson. Resulta que el señor fue acusado hace unos años por comportamiento sexual inapropiado con alguna de sus empleadas (Acoso, pues), además de usar un insulto racista con uno de sus scouts negros. Al hacerse público el hecho la NFL (que es un fiel reflejo de la sociedad hipócrita gabacha) hizo sus investigaciones, le pusieron una multa alta y lo obligaron a vender el equipo en 2018.

Ahora, vuelvo a lo mismo, ¿por qué levantaron la estatua del Señor Richardson? ¿Por traer un equipo profesional a Carolina o por ser un excelente ser humano? Además de que el señor tiene un mérito especial, porque fue el primer exjugador de la liga en tener su equipo en la NFL.

Al final, si yo fuese aficionado de las Panteras, estaría agradecido que el señor gastó su dinero en traer una franquicia a mi ciudad y, en dado caso, estaría bien merecida su estatua. Pero bien sabemos que a los gabachos les encanta jugar a la sociedad perfecta y, por una acción y un comentario inapropiado, le quitan su logro, como si no hubiese sido suficiente con que lo hayan obligado a vender a su equipo.

Continuemos con el tema de las estatuas.

De herencias y crímenes.

Un punto muy subjetivo se ha dado con las estatuas de los "héroes" confederados, aquellos que se oponían a abolir la esclavitud y por las que se dio la guerra civil por defender ese "derecho". Esos mismos cuyas estatuas han sido retiradas y, junto con ellos, la bandera confederada, símbolo de aquella nación sureña que brevemente dividió a lo que entonces era Estados Unidos, después que se anexaran la mitad de nuestro territorio, ¡los muy hijos de puta! . . . ejem . . . perdón, me exalté un poco, continuemos con el tema.

Muchos gringos sureños se han manifestado que esas estatuas y la bandera son parte de su historia pero, como dicen los negros, ese pasado está ligado a su sufrimiento y vejaciones contra su raza, y estoy de acuerdo.

PERO, no sólo tiraron estatuas de los personajes confederados, me llamó la atención que también lo hicieron con imágenes de Cristóbal Colón y de Junipero Serra, lo cual en su momento me intrigó pero, una vez acomodado en mi ser, me dio gusto.

Aquí lo curioso es que algunos españoles tuvieron una reacción similar a los gringos sureños, diciendo que derribar esas estatuas era injusto porque era parte de su historia. Pero, al igual que los esclavos negros, esas dos estatuas (al igual que las de otros asesinos ibéricos) deberían ser retiradas por todos los crímenes que se cometieron contra los naturales de nuestro continente.

Todavía recuerdo el enojo que me invadía cada vez que veía alguna pintura o monumento relacionado con la conquista durante mi visita a España, lo cual se ve que les enorgullece mucho a los ibéricos pero a la mayoría de nosotros, como latinos, nos provoca un sentimiento radicalmente opuesto.

Así que estoy totalmente de acuerdo con que tiren las estatuas de Colón y todos los que estuvieron involucrados en las masacres indígenas en América y, ojalá, pronto también tiren el resto de imágenes en los demás países en donde se encuentren aunque, obviamente, en España no lo van a hacer.

Pequeña conclusión

A excepción de la última sección, por lo que expresé en la mayoría del texto, se podría interpretar que soy racista y que desestimo todas las acciones que se están haciendo por la igualdad hacia los negros y otras etnias.

¿Soy racista? No más que el humano promedio, por ello intento ser justo con los demás, obviamente tengo prejuicios como todos, pero mis principios de justicia me impiden discriminar a alguien por su raza, religión, género o tendencias sexuales. Yo los discrimino por pendejos, desleales, irrespetuosos o corrientes, y eso es independiente de otras características personales.

Para mí, quitando imágenes negras de marcas, o disculpándote porque tu obra no fue suficientemente negra, no va hacer que respetes a los negros de la noche a la mañana, la educación sí. Todas esas acciones que mencioné arriba (a excepción de las estatuas de asesinos) son más un paliativo, un mejoralito, para intentar tapar al sol con un dedo.

Mientras los gringos sigan con sus actitudes huecas e hipócritas respecto a las minorías, un verdadero cambio no se va a dar. Y, como ya mencioné, no se trata de dar dádivas inmerecidas a las minorías, pero sí darles oportunidades similares de desarrollo. Que tengan el mismo acceso a educación, a ser considerados para un empleo, para comprar una vivienda y que les den los mismos derechos y obligaciones que al resto de etnias.

Tal vez, a ojos de muchos ilusos, el quitar a la Tía Jemima o retirar del aire "Lo que el viento se llevó" sean primeros pasos, lo cual me parece una estupidez. Pero el retirar estatuas y la bandera confederada, me parece algo un poco más sustancial.

Supongo que los negros, y demás minorías, no van a tener que quitar el dedo del renglón y, aprovechando la necesidad de las corporaciones por intentar verse incluyentes, presionar hasta que verdaderos cambios se vean reflejados en acciones concretas y no sólo darles atole con el dedo.

29 de Junio del 2020

La extinción de la masculinidad

Mandé un meme en que se hace un chiste sobre las decenas de géneros que, según la comunidad LGTBXYZ, existen en el mundo. El meme se lo envié tanto a hombres como mujeres y, me sorprendió la gran cantidad de muestras de apoyo que recibió el mensaje, lo cual me hizo evidente algo: aunque la gente está de acuerdo en que haya equidad y tolerancia para todos, también ya está harta de ser rehén de este movimiento de represión hacia la heterosexualidad.

La homosexualidad en el pasado

A pesar de que la homosexualidad ha existido desde el inicio de la humanidad, también es verdad que, principalmente con la religión, los prejuicios en contra de los homosexuales fueron cruentos e implacables, ocasionando que se tuvieran que esconder u ocultar sus preferencias por su propio bienestar.

Las burlas vienen de que, si nos ponemos estrictamente teóricos, son una desviación a la naturaleza, esto porque el diseño original es que un hombre copule con mujer. Sin embargo, la homosexualidad existe, principalmente como una herramienta que tiene la naturaleza de combatir la sobrepoblación, es por ello que ahora hay más gays (aclaro que voy a usar la palabra "gays" en este ensayo para englobar a toda la comunidad LGTBVWXYZ) que hace 20, 30 o 40 años.

No se puede negar que durante muchos siglos los gays fueron estigmatizados y perseguidos alrededor del mundo y que, en años recientes, han peleado para que se les dé un trato equitativo. Pero ahí reside el asunto, ellos no quieren un trato equitativo, quieren un trato preferencial y ahí es donde muchos ya no estamos de acuerdo.

Entiendo que por mucho tiempo los tuvieron fuera de la mesa pero, ahora que se les está integrando, no sólo quieren tomar la cabecera, sino que además nos quieren expulsar, no sólo de la mesa, sino de la casa misma. Y eso no lo podemos permitir aunque, silentemente, lo están logrando.

¿Educación no-binaria? No gracias

Por ejemplo, ahora quieren que a los bebés no se les registre con el género con el cual nacieron y que, cuando tenga más edad, elijan si quieren ser hombre, mujer o misceláneos. A ver, es biología básica: naces hombre o mujer, y así se te debe registrar, con el sexo con el cual naciste. Ya si después quieres cambiarte de género, está bien, es tu derecho al igual que si te gustan las personas del mismo sexo, pero cuando naces se te debe registrar como naciste.

Luego, los gays y simpatizantes, quieren que se le dé una educación "abierta" o unisex a los infantes, que no se enfoquen a cosas de hombres y de mujeres y, aunque entiendo la lógica detrás de ello, para no tener prejuicios hacia los homosexuales, no puedo estar de acuerdo.

A lo más, los gays son el 9% de la población, eso quiere decir que el 91% restante sí trae un sexo y tendencias definidas. Así que se deberían educar a los infantes como niño o niña, pero no como algo indeterminado. Esa educación nos ayuda a desarrollar características que nos permite desarrollarnos ante la sociedad.

"Es que te predisponen de antemano a ser algo que no eres", ¿ah sí? Mi padrastro me agarró de chalán para hacer cuantas tareas y reparaciones había en la casa, ¿eso me hizo un Bob el constructor? ¡Para nada! Porque no me gustaba, y el que me haya educado así no quiere decir que cambiara mis gustos.

De igual forma, conozco gays que fueron educados de manera heterosexual y que eso no impidió que salieran del closet. Entiendo que les hizo más difícil la decisión, pero no fue un impedimento y hasta libres se sintieron de ser ellos mismos.

Ahora, ¿por ayudar a un 9% a que se sienta cómodo con su sexualidad debemos incomodar al 91% restante? ¡Es una pendejada! Pero es la estupidez que quieren aplicarnos con su educación abierta o no binaria o como quiera que la llamen.

Lo que sí estoy de acuerdo, es que se eduque a los niños con menos prejuicios y roles machistas o feministas. Que ambos sexos ayuden con el quehacer, puedan jugar el deporte que les llame la atención, pueden vestir cualquier color que les guste, jugar con cualquier juguete que les atraiga, y que reciban los mismos (o similares) beneficios y obligaciones sin distinción de género. Lo cual ayudará a tu formación como persona sin importar que seas gay o heterosexual.

Juventud desorientada

Pero no quieren eso, quieren que lleguemos a una educación "gay friendly" y que, sobre esa base, el chamaco elija su tendencia con el tiempo. ¿Estamos conscientes de que uno en la adolescencia está bien pendejo? De hecho a algunos no se les quita lo pendejo hasta que mueren. ¿Y queremos que alguien así elija de manera sensata?

Recuerdo que, en la Prepa, alguna vez mis amigos estaban presumiendo sus entradas en el cuero cabelludo porque, según ellos, se veían chidas y me empezaron a hacer burla porque yo tenía "salidas" en lugar de entradas, ya que tenía mucho cabello. Así que, como quería pertenecer, me empecé a rasurar mis "salidas" para hacerlas "entradas" y así ser "normal" como ellos.

¿Se fijan el nivel de idiotez de ambos lados? Por un lado, tenemos a chamacos pendejos que no se dan cuenta que esas entradas significaba una alta probabilidad de que se fueran a quedar calvos, por el otro, el chamaco inseguro que quería ser igual que sus amigos, aunque su estado significara que su exceso de cabello indique que está cabrón quedarse calvo.

Con este sencillo caso ejemplifico en que las decisiones de los chamacos se hacen por las cuestiones más superficiales e ilógicas. ¿Y así quieren que escojas tu género en la adolescencia? He conocido chamacos pendejos (perdón la redundancia) que literalmente se declaran gays por moda, por quedar bien o porque se ve "cool". O sea, ¿dejar que te metan la pistola por verte bien? Es una auténtica pendejada, pero los adolescentes son capaces de todo con tal de obtener aceptación.

La moda de ser gay

Pero ¿aceptación de dónde se preguntarán? Bueno, silentemente, y en un intento para verse incluyentes, ahora hay una especie de manda que debe haber personajes gays por todos lados, cuando sólo son (a lo más) el 9% de la población, parece que quieren el 100% de los papeles, que en todos lados debe de haber un gay (y/o un negro), y de preferencia protagónico, para que una obra sea políticamente correcta.

Así que ya casi es imposible ver una obra nueva sin una presencia homosexual, cuando ciertamente hay gays en el mundo, pero pareciera que en las películas, series, libros, animaciones, canciones, obras de teatro y demás, es mayor que el 9% de la realidad.

Es más, en redes sociales hay un boom de ello, y no todos son gays, pero son capaces de aparentar serlo o tender tendencias "gay friendly" para atraer a todo tipo de público.

Apenas me pasaron un Tik tok de un sujeto grandote y mamado que se estaba arreglando, inclusive maquillando, así como delineando la ceja y cuidando hasta la pestaña. Él se vendía como heterosexual, pero el arreglo era MUY gay, ¿saben cuántas vistas tenía su vídeo? ¡Cinco millones! Eso quiere decir que esa cantidad de gente se quedó fascinada con el vídeo y, al ver su éxito, quieren emular su ejemplo "porque es cool".

El dermatólogo

Ahí recuerdo, en una de mis visitas al dermatólogo, que me estaba tratando el Herpes Zóster, me decía "Te va a quedar una cicatriz en la frente" y le respondí que no importaba, porque era hombre y no me era vital y él me vio con un brillo especial en los ojos, casi creía que iba a llorar, y me dio la mano para felicitarme mientras decía "Así debe ser"

Me comentó que, hace 20 años, el 90% de sus pacientes eran mujeres, las cuales lo veían especialmente por temas de belleza y algunas por salud. Del 10% de los pacientes masculinos, la mitad eran por una enfermedad y la otra mitad eran gays que iban por vanidad.

Dos décadas después, sus pacientes estaban nivelados (mitad hombres y mitad mujeres), porque lo que había crecido era la parte "masculina". Las mujeres seguían más o menos en el mismo volumen, los hombres heterosexuales que iban por temas de salud, más o menos también se mantenían en el 5%. Los gays habían crecido al doble (o sea del 5% al 10%),

¿Qué pasó el restante 35%? Eran jóvenes (entre 12 y 25 años) que, en teoría, eran heterosexuales, pero que ahora iban para que les tratara el cutis, para que no les quedaran marcas en la cara por el acné, para exfoliaciones y demás tratamientos que, 20 años atrás, sólo le pedían las mujeres.

El doctor me decía que para el negocio estaba bien pero que, socialmente, veía una tendencia muy marcada a la "feminización" generalizada de la nueva generación. Porque los chamacos eran igual o más aprensivos que las jovencitas y ahí le pregunté que si estaba seguro que no fueran gays y me contestó "Honestamente, ya no veo la diferencia"

Y lo entiendo porque, muchas veces a la semana, sobre todo corriendo que es cuando puedo poner más atención, veo alguna silueta que se va acercando en sentido contrario y me llego a preguntar "¿Eso es hombre o mujer?", porque los movimientos pueden ser muy femeninos y resulta que son hombres o que van con ropa muy femenina y, en teoría, son varones. Así que, muchas veces, cuando ya veo de cerca esas siluetas, ya he optado por decir "Indeterminado" mientras sigo mi camino.

Mercadotecnia "Gay Friendly"

Pero no sólo es la cultura popular, también en los productos y es que muchas compañías, con tal de obtener ganancias, quieren verse incluyentes y sacan mercancías "gay friendly" para verse bien y jalar ventas del sector homosexual. Y todos sabemos que a las empresas les vale madre la inclusión, lo que quieren es vender más, y ahí nos pasan a dar en la madre a todos lo que no somos gays.

Por ejemplo, recuerdo que hubo una campaña de Doritos Gays o arcoíris, y te los anunciaban con bombo y platillo. Primero es una pendejada que haya una botana en base a tu orientación sexual pero, ¿qué ocasiona entre los que no lo somos? Pues rechazo, "Porque no soy gay" diremos.

Igual en los tenis. Estaba en el Nike de SawGrass Mills, buscando tenis para correr y resulta que tenían toda una línea de calzado para gays, más o menos la mitad de la oferta, y la otra mitad de sus tenis con aspecto convencional. Hasta el chavo que me atendía vio mi cara de molestia y me dijo, aprovechando que no había nadie cerca "Hey, por lo menos no trabajas aquí" haciendo notar que a él tampoco le agradaba esa invasión de homosexualidad a su ambiente laboral.

Y no sólo era en esa tienda, en todo el centro comercial pasaban muchos jóvenes varones que iban con apariencias muy afeminadas, como tres cuartas partes, así que dudo que todos sean gays, pero la gran mayoría sí se veía como uno.

Pero vuelvo a lo mismo, es mercadotecnia, a las empresas les vale madres tu orientación sexual, sólo quieren que compres y si lo "Gay Friendly" es lo que vende, entonces es lo que hay que ofertar.

Además entra otro factor para dicha decisión: como los gays no tienen hijos (y sí la tendencia consumista de una mujer), pues tienen mayor poder adquisitivo, así que se enfocan más en ellos y despreciando a los heterosexuales o no dándonos el lugar que merecemos como el 90% de la población.

El fanatismo opresor

Y con toda esta publicidad masiva en todos los medios hacia promover lo gay ¿Todavía quieren que los chamacos elijan si son heterosexuales o gays por sí mismos? Obviamente uno elige su orientación, pero con tanto bombardeo gay, ahora van a acabar declarándose homosexuales gente que nunca lo fue pero, por encajar, ahora lo serán.

Todo esto se logró por todos esos grupos fanáticos que estuvieron chingue y jode por equidad, pero que no se detuvieron ahí y ahora están chingue y jode por ser más importantes que los que no pertenecemos a su grupo.

El problema es que estos fanáticos quieren lograr la equidad a través de nuestro exterminio, y están logrando su objetivo, no al matarnos, porque somos muchos más que ellos y no pueden, sino al ir influenciando al mundo con sus ideas de que lo masculino está mal, porque creen que es lo mismo que ser macho.

La extinción de la masculinidad

Sólo basta ver a los jóvenes de ahora, en donde ya no se siente esa fuerza, ahora son una bola de mariconcitos que llegan a ser más frágiles y femeninos que las propias señoritas. Alguien me dijo que por eso las chicas de ahora buscan a tanto Sugar Daddy, no sólo por el dinero, sino por esa energía masculina que no encuentran entre las florecillas de su misma generación.

En unos cuantos años, me voy a cagar de risa cuando escuche a las mujeres (que ya desde ahora se están dando quejas así), cuando digan cosas como "Es que ya no hay hombres de verdad, como mi papá, mis tíos o abuelos, ahora puro putito más frágil y delicado que yo", y ahí se van a dar cuenta del mal que hicieron y no les quedara de otra que tomar el rol de fuerza en la relación (que a la mayoría de las mujeres no les gusta porque quieren un hombre que las arrope) o de plano volverse lesbianas.

Y esto no es algo social, es algo de la naturaleza: la mujer, por más chingona y poderosa que sea, requiere de esa energía masculina que la contenga y en la cual pueda dejarse descansar, sabiendo que el hombre la protege, que alguien está a cargo, aunque al final se haga lo que ella quiere. Hasta en las lesbianas hay una que ejerce ese rol, porque es la que tiene el papel masculino.

Ninguna mujer heterosexual, y así sí lo pongo en mayúsculas, NINGUNA, quiere un remedo de hombre con una personalidad débil a su lado. Sé que hay muchas que tienen una pareja así, que la dominan y están con él pero, en el fondo, lo desprecian, por eso le hacen la vida miserable, en castigo por no ser lo que ellas anhelaban o necesitaban.

El futuro de la humanidad

Lo malo de esta época extremista, es que justamente esos extremos nos están llevando a la perdición, por lo cual el fin de la civilización está más cerca de lo que creemos, esto hablando en cuestiones ecológicas, pero en cuestiones sociales tampoco estamos tan bien ni tan avanzados como nos gustaría creer.

Antes de que alguien me acuse de Pro-vida (que no lo soy porque estoy a favor del aborto y eutanasia) o de Ultraderecha, no estoy diciendo que la única manera de existir y subsistir como sociedad es la familia, porque soy el primero en señalar lo retrograda que es tomar eso como camino único para ser feliz y progresar. También entiendo que los gays, lesbianas y toda su comunidad LGTBVWXYZ tienen derecho a existir en los mismos términos que el resto.

Pero tampoco podemos caer en el otro extremo de gente ignorante y violenta que quiere exterminar a los heterosexuales y, en especial a la masculinidad, para tener un mundo dominado por Feminazis radicales y Gays empoderados.

Esos grupos piensan que, si dominaran el mundo con sus ideas absolutistas, sería el paraíso, pero en realidad sería mucho peor de lo que nos ha tocado vivir hasta el momento y, lo que es más grave, cuando eso pase (porque para allá vamos tendidos), ya será demasiado tarde para dar marcha atrás.

Pero, supongo, lo tenemos bien merecido como humanidad, al ser incapaces de encontrar una solución intermedia y sana. Primero fuimos en extremo machistas y homofóbicos: sometiendo a la mujer y denigrando a los homosexuales, así que ahora vienen los grupos radicales que, más que querer equidad, ahora quieren venganza, tratando de destruir todo lo que huela a hombre heterosexual, sin importar que sea macho o no.

Y así estamos llegando a una realidad nada óptima para nuestra salud sexual ni psicológica y me dará gusto que recibiremos nuestro merecido, con tal aberración, por haber sido incapaces de encontrar una solución justa.

23 de Diciembre del 2021

Los de abajo

Decía Napoleón que la igualdad entre humanos es posible sólo en la teoría pero no en la práctica, y tenía razón.

El más fuerte (y guapo)

Aunque técnicamente hay una sola raza humana en el mundo y, legalmente, todos tenemos los mismos derechos humanos, la verdad es que hay muchos y diversos estratos en los que la humanidad nos estamos clasificando constantemente, todo en base al atractivo, juventud, nacionalidad, color de piel, posición socioeconómica, preparación, relaciones sociales y tantas características que nos separan unos de otros cada vez más.

Por ejemplo, hablando de características físicas, hay una discriminación inconsciente hacia los que consideramos inferiores, ya sea los enanitos, a los que les falta alguna extremidad (porque los consideramos incompletos), los que son más chaparritos, gorditos, o flaquitos, débiles, negros y demás.

¿De dónde viene este sentimiento de discriminación? Por el simple hecho de reproducción ya que, al considerarlos inferiores, el hecho de que ellos existan, significa menos recursos para la gente "normal" u óptima, esos mismos recursos que se pueden utilizar en humanos "sanos" y sus engendros, y ya que menciono la descendencia, por eso mismo causan repele, porque el hecho de que estos especímenes inferiores se reproduzcan, va en detrimento de la ley del más fuerte, y sus descendientes sólo debilitarían la raza, por eso son rechazados.

Y eso se contrapone con el instinto de poder, ya sea tenerlo, ejercerlo o seguirlo. Eso de alabar al más poderoso y despreciar al más débil. Hablando de débiles, también está ese instinto de rechazar lo fácil, a quien nos rinde pleitesía, a quien se pone a nuestros pies de manera gratuita, en automático nos deja saber que es inferior a nosotros y por eso los despreciamos. Y podremos aceptar los regalos que nos dé, pero eso no asegura nuestra aceptación de dicha persona.

La gente bonita no debe ser pobre

Los sábados por la mañana, en mis corridas matinales, troto frente a algunos fraccionamientos mamones y, como suelo pasar a la misma hora, siempre me encuentro con una mamá y su hija puberta que van a esculcar la basura en busca de algo que se pueda rescatar y/o vender.

La señora no me llama la atención, ya que tiene las características físicas usuales de los pepenadores. SIN EMBARGO, su hija es la que resalta, ya que es blanquita y bonita, y de pronto eso hace corto circuito en mi mente "¿Qué demonios hace esta niña güerita y bonita recogiendo basura? ¡Eso está mal!" y conste que soy moreno, pero culturalmente no es algo que estemos acostumbrados a ver.

Lo mismo pasa, pero ahora mientras corro entre semana, en una zona más humilde, a veces paso frente a la casa de un talachero, el cual tiene las facciones que uno espera de alguien con ese oficio, e igual el resto de su familia, con la excepción de la hija mayor, que ha de rondar los 12 años, la cual está bonita, blanca y con facciones totalmente diferentes al resto de su familia.

Otro caso se dio con la señora de las memelas, a la cual le compro. Recientemente fui y me atendió una muchachita que, al escucharlas hablar, vi que era su hija, y la chica estaba muy bonita, además de blanquita, esto aunque la mamá tiene unas facciones y color de piel más autóctonos. Y me dije "¿De dónde es su hija?" pero, al igual que en los otros ejemplos, me llama la atención la diferencia tan grande de color y atractivo.

Y en estos casos me he preguntado "¿Acaso será que se las robaron? ¿El patrón se aprovechó de la empleada y le salieron niñas bancas y bonitas?" y es que es algo hasta chocante encontrar algo así en México: gente blanca y atractiva en los estratos sociales más bajos.

Pero no es sólo en México, la otra vez vi un reportaje sobre las zonas pobres de Kabul y, todo estaba en orden cuando mostraban a la gente afectada, hasta que mostraron dos niños de rasgos europeos, blancos y una era pelirroja, y de entrada te resalta esa inconsistencia en la Matrix: "¿Qué demonios hacen esos niños ahí? ¿Acaso fueron secuestrados?", hasta uno se ofende, porque todo estaba bien mientras la pobreza la sufrieran niños árabes morenos, pero te resalta cuando alguien blanco está en medio de ellos.

Trabajos humildes para gente prieta

Y es que estamos acostumbrados que la gente que tiene los peores empleos sean de origen humilde y de rasgos autóctonos, mestizos y/o morenos, pero nunca de ver alguien guapo o güero haciéndolo. Es como la gente de limpieza, todos lo que la hacen en la empresa son más o menos de las mismas características físicas, e incluso los técnicos de la línea de producción.

Es por eso que, en mi primera visita a Alemania, cuando me tocó ir a la línea de producción de un proveedor, me impactó que todas las obreras fueran caucásicas y algunas muy atractivas, era algo que no me espera, aunque estuviera en el país teutón. Yo hubiera esperado a muchos inmigrantes haciendo dichos trabajos, pero nunca a la raza aria.

Y, me veo en la necesidad de recalcar, soy moreno, de rasgos caribeños, así que no es que sea (tan) racista, sólo me crié en un país con un racismo inherente a su cultura pero que no estaba acostumbrado a reconocerlo. Voy a poner un ejemplo para que sea vea que no sólo es cosa mía.

Recuerdo que leí el caso de una familia chicana (mexicanos nacidos en Estados Unidos), mismos que eran muy ricos pero, como decimos por acá, traían todo el nopal en la cara, o sea que tenían todos los rasgos indígenas. Ellos fueron a un hotel muy exclusivo en Acapulco pero, fuera de la recepción o del botones, nadie más había reparado que era una familia rica.

Fue hasta que entraron a la alberca, que gente de seguridad del hotel, les pidieron salirse de la misma "Porque las instalaciones eran para los huéspedes" y que ellos no tenían permitido estar ahí y que se retiraran a la brevedad. Cuando el tema se aclaró, les ofrecieron una gran disculpa, pero este caso dejó en claro algo: en México la gente de rasgos indígenas no se concibe que pueda tener dinero como para pagar un hotel de lujo.

Aporofobia

Como ya vimos al racismo lo mata el status socioeconómico (cuando lo anuncias previamente, claro está), y ahí es donde entra la aporofobia: la aversión a los pobres. Y ahí radica más el rechazo a inmigrantes en el mundo que la propia raza.

Porque no es lo mismo lidiar con un inmigrante pobre que va a requerir de asistencia social, que sabes que salen de tus impuestos y que esa persona, potencialmente, significa un riesgo para tu entorno (delitos, enfermedades, incomodidad, mendigar, etc.) y por eso los desprecias ya que significan más desventajas que potenciales ventajas para tu entorno.

En cambio, cuando viene un extranjero con recursos, ya sea de turismo o a vivir, la recepción es otra, porque sabes que esa persona puede invertir, a gastar y no a robarse tus impuestos, fuentes de trabajo o a causar desmanes, así que los tratas mucho mejor que a los pobres, sin importar que puedan ser del mismo país.

Y bueno, siendo honestos, no es necesario que sea extranjero, ya con el hecho que sea pobre y te esté mendigando ayuda, te enciende un instinto de rechazo, de inmediato lo consideras alguien inferior y que, si el mismo desapareciera de la faz de la tierra, no se perdería mucho, al contrario, habría uno boca menos que alimentar, y no se desperdiciarían recursos en alguien que no aporta, sino que sólo consume.

Diferentes importancias

En la realidad, la voz de los pobres tiene nulo peso en el mundo capitalista en que vivimos. Por ejemplo, recién vi un video de un residente latino en NY, el cual se quejaba que la renta de la vivienda estaba muy cara.

Aunque realizó protestas, y la autoridad local le dio una audiencia, de todas formas, le subieron la renta porque, si él no la paga, alguien más lo hará, y el capitalismo no tiene corazón. Así que fue desalojado con su familia y se tuvo que ir a vivir a otro lado. Y aquí la pregunta es, ¿a alguien le importa?

La respuesta es, fuera de su círculo cercano, a nadie le interesa la desgracia de ese hombre, como a nadie le importa la realidad de los pobres, ya sea como individuos o sociedades. Es por ello que la reacción de un asesinato, atentado, desgracia natural o cualquier evento nocivo para la humanidad, es magnificado dependiendo de la posición del país, o la sociedad, dentro del rango mundial de prioridades.

O sea que, si algo malo pasa en Estados Unidos, Alemania o Australia, siempre se le dará mucha más cobertura y atención que si pasara el mismo evento en países como Camerún, El Salvador o Indonesia. Porque, al parecer, las vidas de las personas en el primer mundo valen más que en el tercero.

La misma diferenciación aplica entre ricos y pobres, entre blancos y negros, entre guapos y feos o entre famosos y los que no lo son. El trato que uno recibe en el mundo sin duda varía en la función de quien eres o quien pretendes ser, y esos prejuicios no se superan de buenas a primeras.

¿Es culpa de los pobres?

La pobreza en el mundo no hace más que multiplicarse, no sólo por culpa del capitalismo, sino por la propia ignorancia de gente con poca (o nula) educación, que no entienden que, si están jodidos, el traer más hijos al mundo sólo va a empeorar su situación, y no traen un engendro único al mundo, sino "los que Dios me dé" y eso incrementa más su miseria, y se multiplica con más bocas que alimentar, que van a aumentar los problemas sociales.

Y aquí me preguntó, ¿es sólo responsabilidad de los pobres su reproducción? ¿Qué tanto es responsable el capitalismo voraz que no le importa lo que les pase a los de abajo y sólo se concentra en los de arriba? Porque sí, nadie obligó a los pobres a reproducirse, pero tampoco es como que nadie se preocupe por orientarlos o educarlos un poco mejor.

Tal vez por eso se dan algunas acciones, poco éticas, como esterilizar a las mujeres en poblaciones remotas en India, África o en México, algo que atenta contra los derechos humanos de las personas. Pero, siendo honestos, en el mundo actual, ¿en verdad se les considera humanos a los de abajo? ¿Tienen una perspectiva real de prosperar en esta selva cruel del capitalismo?

No todos importamos lo mismo

Ellos no son del todo culpables, en realidad, son el resultado de un sistema que no se preocupa por el ser humano y sólo se enfoca en el consumidor e inversor, porque el tener dinero es lo que te reconoce tu humanidad y tu derecho a existir.

El capitalismo no se enfoca en el ser humano **pobre**, el que no puede comprar, el que no es productivo, el que no contribuye a la riqueza del lugar en donde vive. Ésa es la gente que no importa, incluso a la que muchos ven como una carga, ya que consumen valiosos recursos que podrían ser utilizados en gente "de bien", personas que aportan más a la sociedad, que pagan sus impuestos, que generan riqueza y que no representan un riesgo al orden social.

Históricamente, nunca le interesó al capitalismo aquellos pobres, más allá de su función de mano de obra barata, a la cual explotar y sustentar así su riqueza. El problema es que, actualmente, ya son muchos más de los que son útiles al sistema y ahora a éste no le importa su destino, cuando él mismo fue quien lo creó.

No me queda la menor duda que, si se pudiera y fuese legal o, si se pudiera ocultar, muchos gobiernos del mundo se desharían de todo el remanente de su población pobre, aquella que consume más de lo que aporta, todo con el fin de terminar con ayudas sociales y los problemas que causan en la sociedad.

Pero, por desgracia para ellos, hay organizaciones que pondrían el grito en el cielo, y más en esta época de mazapanes que todo les ofende y que de todo se quejan, así que sólo dejaran que los mismos problemas sociales se hagan cargo de ellos y mueran en la miseria.

Por eso se dice que hay suficientes recursos para que no haya hambre en el mundo y también para darle educación a todos pero, ¿por qué creen que no se hace? Porque los dueños de dichos recursos prefieren invertirlos en algo que les genere ganancias antes que "desperdiciarlo" en gente que, muy probablemente, sólo signifique problemas y desperdicio de dinero.

Y no es como que podamos culpar al millonario "malo y feo" porque, este mismo sistema nos ha programado para que busquemos nuestra satisfacción y bienestar individual, aún sobre el grupal.

Es por ello que, al tener dos opciones, una en donde tengamos que sacrificar un poco de nuestros lujos para hacer el mundo más justo o, la otra, mantener nuestros lujos, aunque el resto esté jodido, normalmente vamos a privilegiar nuestro status, sin importar a quien se lleve uno entre las patas.

O, siendo menos dramáticos, elegiremos nuestros lujos, aunque eso signifique no ayudar al prójimo, especialmente el pobre, aquel que puede que no nos devuelva el favor porque, en igualdad de condiciones, es probable que ayudemos a nuestro vecino, porque él es "gente de bien" como nosotros, y es factible que nos regrese el favor en el futuro.

Al final, el capitalismo nos ha robado la humanidad, y ha condicionado que reconozcamos esa cualidad sólo en la "gente de bien". Hemos dejado de ser ese animal social, gregario y empático que éramos antes de vivir en culturas enfocadas a la riqueza.

Ahora el humano basa la valía del resto, en que produzcan, que sean atractivos, y su potencial aporte a la sociedad. Todo humano que sea visto como alguien inferior, en automático será sujeto a prejuicios y actitudes, conscientes o inconscientes, inculcadas hacia los considerados inferiores o, simplemente, los de abajo.

16 de Agosto del 2022

Inclusión a huevo

"No hagas cosas buenas que parezcan malas y ni malas que parezcan buenas" – Dicho popular

Rechazo instintivo

Mucha gente argumenta que el odio y rechazo a los gays viene principalmente por prejuicios religiosos y sociales relativamente recientes, ya que en la antigüedad, no existían dichos estigmas en su contra, porque eran aceptados como uno más en diversas culturas antiguas y, a un nivel, es cierta esa afirmación.

Sin embargo, también hay un factor inconsciente, que va más allá de los dogmas religiosos y sociales, algo que es más profundo e inclusive más fuerte que nosotros.

Y es que, instintivamente, hay un rechazo a lo que se considera diferente o inferior a lo que la población, en general, considera como la norma en su comunidad. En el caso de los gays, el rechazo radica en que van "contranatura" o sea, que son diferentes a lo diseñado originalmente por la naturaleza, ya que no cumplen ese papel de reproducción para el cual fuimos creados a nivel animal.

Obligarte a aceptarlos

Lo chistoso es que, desde hace algunos años, la sociedad ha generado unas dinámicas, a través de las cuales, nos quieren meter a los homosexuales hasta en la sopa, lo cual no ayuda precisamente a su plena aceptación e integración en la sociedad.

El problema de querer meternos, a huevo, a los gays va a salir MUY contraproducente, contra lo que la gente pendeja (que está detrás de esas dinámicas) le gustaría creer.

Por ejemplo, durante el pasado Junio, en la empresa tuvimos el "Mes Puto" como lo llamábamos casi todos (hombres y mujeres), y es que todo el tiempo nos estuvieron bombardeando con propaganda gay, conferencias gays y hasta en el comedor nos dieron, de postre, una paleta de hielo arcoíris "para conmemorar el mes de la inclusión" pero, a nadie sorprendió, muy pocos tomaron dicha paleta,

"Yo no quiero esa paleta de putos", oía por los pasillos hacia el comedor; porque lo sentíamos como un símbolo gay, además de que nos lo querían meter en contra de nuestra voluntad.

Y es que la discriminación, homofobia, racismo y demás actitudes segregadoras son instintivas, así que el hecho que nos quieran forzar a algo que no sentimos, va a salir peor. Entiendo que hay una necesidad de educarnos, pero siento que hay maneras más sutiles en lugar de enjaretárnoslo y meterlo a huevo, que causa el efecto contrario.

Una inclusión natural

He tenido amigos y compañeros gays, que se abren con tranquilidad, dignidad y respeto, que se integran como uno más del grupo, sin pedir un trato especial, sólo el mismo que el resto.

Así que aceptas su condición y les das el mismo trato, lo cual incluye bromas sobre sus preferencias, y ellos también son libres de hacernos bromas sobre nuestro peso, vida sexual, color de piel y demás, y nadie se siente ofendido, al contrario, se crea un ambiente de aceptación auténtico, sin necesidad de que nos estén metiendo la ideología gay todo el tiempo. Ésa es una aceptación normal y orgánica, no una artificial y obligatoria, porque la única aceptación auténtica y real es la que se da de manera natural.

Y es que no es lo mismo decir "Oye, te trato bien y trátame bien, quiero ser uno de ustedes" a que alguien más venga y te diga "trátenlo bien porque es gay", ya que eso de inmediato crea un estigma y un enojo, en donde ese individuo, por tener una característica en particular, es más valioso que el resto y merece un trato especial o privilegiado, lo cual va en detrimento de nuestros propios derechos, ya que ahora valemos menos por no ser homosexuales. La guía debería ser "trátenlo igual que al resto de ustedes porque es igual que ustedes, con los mismos derechos y obligaciones"

Representación forzada

Pero el problema no son sólo los gays, es esta sociedad en donde se promueve la inclusión a huevo, lo mismo pasa con los negros o judíos, en donde son porcentajes mínimos de la población en Estados Unidos (que tomo de referencia cultural por su influencia mundial) pero, de todas formas, te los quieren meter a huevo en todos lados, ya sean series, programas, películas, libros, caricaturas y demás, al igual que los gays. Representan menos del 10% poblacional pero, al ver las obras de los últimos años y la representación que les dan, pareciera que fueran como el 50% de la misma.

Por ejemplo, en mi departamento somos 36 personas y sólo tenemos dos gays pero, si aplicara la realidad de las películas, pareciera que deberíamos tener unos cinco o seis. Así que eso molesta, que a fuerza te los quieran meter en todos lados, cuando en realidad no son tan representativos y, por ende, importantes. Así que te molesta cuando te dan un trato injusto, al tener que elevar a un grupo con una importancia que no corresponde a su realidad.

Un ejemplo que veo cada año en la NFL, en donde la liga, a mediados de Septiembre, empieza con su "Mes de la hispanidad" y, aunque me resulta irrelevante, supongo que sí hay quien dice "¡Ah mira! la NFL está festejando mi mes" y, a pesar que la latina es la minoría más grande del país gabacho (y cada vez crece más), ya me imagino la reacción del gringo caucásico, al cual no le debe de hacer gracia.

Es como si en la liga mexicana de soccer, hicieran un "Mes de Guatemala", entonces mucha gente se prendería y reclamaría, "¿Qué tienen que ver esos weyes en nuestra liga?". Así que, aunque la intención pueda ser buena, en realidad ocasiona más rencillas de lo que pudiera ayudar a resolver o integrar.

Las jefas

Otra inclusión a huevo, que también se da en la empresa, ha sido muy notoria en los últimos años. Hablando con alguien de Recursos humanos, que está muy inmiscuida en los procesos de selección de jefes, me cuenta que, al momento de escoger entre un candidato hombre y una mujer, aunque él sea ligeramente superior a ella en capacidades, la eligen a ella "para cubrir la cuota de representación", misma que ha impuesto la empresa para tener cierto porcentaje de mandos altos mujeres. Sólo se lo dan al hombre si en realidad la diferencia es mucha y no se puede obviar.

El problema con esa actitud es que suben a muchas chicas que no están preparadas, que todavía están "verdes", y a muchas las queman, por lo cual las deben de bajar de puesto y poner a alguien más capaz. Eso resulta doblemente contraproducente, porque por un lado el resto de jefes, y sus subordinados, le pierden el respeto a la jefa impuesta, debido a su evidente incapacidad, por el otro, alguien que tiene aptitudes para el puesto, pierde confianza por el hecho que la subieron demasiado pronto, así que se quema, además de dañar su autoestima.

Pero eso pasa cuando un proceso que debería ser natural, lo manipulas para dar los resultados que crees que te hacen ver mejor. En realidad los puestos de jefe se deberían dar al más capaz, al mejor preparado, sin importar si es hombre, mujer, negro, gay, perro, trans o americanista.

Se debe elegir a la persona idónea y más capaz, pero ahora estamos cayendo en discriminación inversa: Antes se te daba el puesto porque tenías pene, ahora te lo doy porque tienes vagina, y ambas posturas son igual de despreciables y pendejas, además de ir en contra de su tan cacareada equidad e igualdad de oportunidades.

El más capaz

Otro ejemplo lo he visto en legislaciones como México o Chile. En la mexicana te presumen que es la cámara más homogénea al tener el 50% de representantes hombres y el otro 50% de mujeres, como si eso fuera un gran logro, como si eso fuese a hacer que legislen mejor (que obviamente no lo están haciendo).

A mí me importa que estén los representantes más capaces para un mejor funcionamiento del país, sin importarme si son puras mujeres, hombres, enanos, indígenas, gays o judíos. Me interesa la capacidad, no sus características físicas.

Lo mismo pasa en Chile donde, en su propuesta nueva constitución, quieren que los puestos de elección popular tengan, por lo menos un 50% de representación femenina, lo cual es una idiotez porque, así haya una buena cantidad de hombres capaces, ahora debes fijar artificialmente una representación femenina, mínima, de la mitad, sin importar que las que pongan ahí, para cubrir la cuota, sean menos capaces que un hombre.

Y recalco, si el congreso se compone por el 100% de mujeres, no tengo ningún problema, siempre y cuando sean las más capaces y no por el simple hecho de tener vagina, lo cual es una medida igual de retrógrada y estúpida que el machismo que pretenden erradicar.

Discriminación inversa

Esa discriminación a la inversa aviva los problemas que quiere erradicar contra gays, mujeres, negros, judíos, enanos y cualquier minoría que me indiquen, porque quieren que les demos un trato preferencial, a diferencia del resto de la población, simplemente por sus características físicas, de género, de raza, de orientaciones y demás.

Es como que nos hicieran comer una dieta vegana, para celebrarlos, cuando eso va a ocasionar justamente el efecto contrario: odiarlos. De hecho en la empresa, hay un lunes al mes en donde no se come carne, ¿y creen que la gente se queda a comer eso? ¡Para nada! O traen de comer o van a los puestos ambulantes a consumir carne. Porque no se trata de obligar a todos a adaptarse a una minoría.

También entiendo, y no me encierro en mi huevito que, aunque no lo crean, me muevo en un mundo más desarrollado, más educado, más sensato de lo que pueden creer. Entiendo que, tal vez, estas acciones obligatorias sean necesarias en el mundo de afuera, especialmente en muchos lugares de México, en donde la gente es menos educada, más salvaje, sin tanto tacto y con más educación. Así que dichas medidas probablemente (aunque lo dudo) sean necesarias en lugares en donde es más evidente la violencia contra las minorías.

Pero el hecho que te metan a huevo algo, y que sean más importantes por ser gay, negro, judío, lesbiana, trans o lo que sea, resulta MUY contraproducente contra lo que se pretende lograr. ¿Cuántos casos de niños a los que obligaron a comer brócoli conocen que ahora, de adultos, amen el brócoli? ¡Exacto! ¡Ninguno! De hecho, se logra que tengan un odio más profundo por aquellos a lo cual los obligaron.

No privilegios, sí equidad

Todo lo que esas medidas logran es una aceptación artificial, una inclusión a huevo, esa integración forzada siempre va a generar malestar en los sometidos "Ah, con que me estás obligando que acepte a esta persona en contra de mi voluntad" así que, en la primera oportunidad que se le presente, se las va a cobrar, ya sea de manera violenta o de manera sutil, pero esto es producto de forzar algo que se debería dar de manera natural y orgánica.

Para mí, sería más productivo una campaña tipo "Respeten a todos", no exaltando o promoviendo a tal o cual grupo en específico, porque eso ya es una exclusión per se. Y así, cuando se deja claro que todos tienen las mismas obligaciones y derechos, cada cual va encontrando su sitio en la sociedad, y se va haciendo de un lugar no por su género, creencias, raza o demás, sino por la persona que es y lo valioso que demuestra para ser aceptado.

A final de cuentas, parte de esa dignidad humana y de la misma naturaleza homínida, es ser sociable, ganarte tu lugar en el grupo y que el resto te lo respete, pero si llega y de pronto le impones al grupo a alguien que es "más importante" que el resto, el rechazo va a ser automático, porque le estás dando algo, de manera injusta y arbitraria, que no se ganó.

Es verdad que muchas de las discriminaciones se hacen de manera inconsciente y hasta cultural pero, de la misma manera, uno se gana su lugar de manera natural, no de manera forzada. Esta inclusión a huevo logra, exactamente, el efecto contrario (como lo que mencionaba de las paleta arcoíris líneas arriba).

Sin embargo, viendo el nivel de estupidez profunda de la humanidad actual, reflejado en una falta indignante de sentido común, dudo seriamente que esta tendencia se vaya a revertir, al contrario, va a seguir fortaleciéndose y se verán las consecuencias cuando, los sometidos a aceptar algo, se las cobren a la primera oportunidad y, probablemente, no de la mejor manera posible.

Reflexiones en el autolavado

Amo cuando tengo la creatividad a flor de piel pero, al mismo tiempo, me frustra en ocasiones, porque se me juntan los escritos y me siento agobiado por redactar tantas cosas, además que quiero avanzar con los libros pero, a fin de cuentas, los ensayos son el alimento de las publicaciones futuras, así que debo aprovechar el aluvión de inspiración.

Aprovechando que era el horario del 2x1, pasé a lavar el auto. Normalmente voy y soy el único, así que me atienden rápido, pero ahora fue diferente, no sé si porque llegué al inicio de la hora feliz, o porque eran vacaciones.

El caso es que otros conductores tuvieron la misma idea de lavar sus unidades: así que tenía dos deportivos adelante y dos camionetotas detrás, mismos que me iban a dar dos de las tres reflexiones de este escrito.

Pero empecemos por el caso que no está relacionado con ninguno de los otros conductores, sino con el que escribe esto.

Racismo en la propina

Ya conozco a mis lavadores de autos, pero ahora el que me lo recibió era uno nuevo y, lo que más me llamó la atención fue su fisonomía: era blanco, con facciones caucásicas.

Eso me extrañó porque, aunque suene culero no deja de ser verdad en México: este tipo de trabajos lo tiene gente de clase baja, mismos que suelen tener facciones autóctonas o, en su defecto, mestizos más del tipo cholo o chacal.

Así que dentro de los prejuicios culturales con los que uno crece en este país, ahí había algo chueco, porque este sujeto no pertenecía a este lugar. Y, para incrementar mi percepción racista, me saludó muy amable, con respeto y buena dicción. Y venga, que mis lavadores normalmente también me saludan muy amables, sólo que la diferencia era notoria.

Como estaban llenos los cajones, había un lavador por auto, en lugar de los tres que estoy acostumbrado cuando vengo y no hay nadie, y a mi auto le tocó ser limpiado por el chico blanco en cuestión.

Y sí, lo que voy a decir es de lo más racista que voy a expresar en estos textos, y miren que hay mucho de dónde cortar, pero estaba incómodo, y lo voy a expresar como lo sentí, aunque hasta después puede darle forma a la idea: Sentía que estaba mal que alguien "blanco" limpiara el auto. O sea, está bien si lo hace alguien moreno con rasgos humildes, pero no alguien que, en la realidad mexicana, no debería hacer este tipo de trabajos.

El caso es que el chavo le estaba echando muchas ganas, haciéndolo rápido y bien. Así que, al momento de preparar la propina, de pronto se sintió poco el 10% (de lo que pago por el lavado), así que instintivamente lo subí al 20%, sin chistar. Que sé que al final es poco, pero se sentía lo correcto darle más.

Al inicio me engañaba con argumentos de que se lo echó solo y lo hizo bien pero, visualicé si lo hubiera hecho alguno de los otros chavos, y no me veía aumentando la propina normal. Así que tuve que aceptar que le di más por ser blanco, además de que fue educado y le echó ganas.

A pesar que soy de color cartón mojado, con facciones más negroides, recordé que el racismo en México, a través de la pigmentocracia, es algo que tenemos muy tatuado en nuestro inconsciente, porque es más fuerte que nosotros.

Y bueno, ya que toqué el inconsciente, pasemos a la siguiente reflexión.

Gente inconsciente

Como ya mencioné, tenía dos deportivos delante de mí. Resulta que ambos tipos iban juntos, pero cada cual en su coche, como una especie de cita de cuates para lavar el auto. Ambos iban arreglados "fresa casual" y muy mamones, justo el tipo de gente que me caga. Así que, en lugar de irme a sentar a las banquitas junto a ellos, me quedé parado en otra zona, en lo que esperaba mi auto.

Mientras observaba cómo lavaban mi auto y, de paso, los de los otros dos sujetos que llegaron antes de mí. La verdad todos los lavadores le estaban echando ganas, y estaban haciendo un trabajo muy eficiente, esto producto de que se les estaban juntando los coches. Y es que, después de las dos camionetotas que traía atrás, llegaron otras dos, así que tenían que terminar rápido para desocupar cajones y seguir lavando los carros.

Sé que no han de ganar mucho, probablemente el salario mínimo, además de que se llevan una chinga lavando. Es por eso que siempre les dejo propina pero, en este día tan ajetreado, la verdad se estaban luciendo.

Acabaron el primero de los dos autos, y le indicaron al dueño que ya podía pasar por él. Esto les iba a servir mucho, porque debían desocupar espacios para seguir lavando más coches pero, el muy hijo de la chingada, no fue por su carro y se esperó hasta que acabaran el de su amigo (o novio).

Y eso me molestó, porque el ritual dicta que te entregan tu auto, te ponen la toalla para que no manches los tapetes y, en ese momento, les das la propina. Pero no, este imbécil no recogió el coche, así que el otro chico se fue a lavar otro que estaba en espera.

Ya cuando quedó el de su amigo, ahora sí ambos fueron por sus coches (par de putos) para irse juntitos ¡y no dieron propina! Ahí me encabroné más. A ver pendejo, los chavos le echaron todas las ganas para que tu puto auto caro quede bien limpio de forma rápida, como para que no les des propina.

Adicionalmente, estás viendo que se les están juntando los autos, y los estás metiendo en problemas, esto sin contar que estás atrasando a la gente de atrás, todo porque quieres esperar a tu amigo, cuando perfectamente puedes tomar tu coche y esperarlo afuera, unos metros adelante.

Pero no, esta pinche gente insensible sólo piensa en ella, y no le importa si las personas hicieron un buen trabajo o si están afectando su actividad, ellos sólo se preocupan por su propio pellejo, y por acciones así tenemos el mundo humano culero en que vivimos:

en donde gente decente hace un excelente trabajo por una paga
mísera, y personas de mierda, pero con dinero, no le importa joder a
gente trabajadora y, si pueden, basan su riqueza en la miseria ajena.

¡En verdad me enojé con esos hijos de puta codos e
insensibles!

La superficialidad

Ahora vayamos con las otras dos camionetas, las que venían
detrás de mío.

Éstas eran manejadas por dos chicas, que también venían
juntas (igual y era el día de traer un amigo al autolavado y yo ni
enterado). Las chicas estaban bien, aunque su producción les daba un
atractivo mayor que el que en realidad tenían, pero estaban
arregladas y sí les daba (y no precisamente consejos).

Mientras esperaban a que se desocuparan los dos cajones, de
los pendejos de la sección anterior, se pusieron a platicar y, cualquier
atisbo de atracción que me generaran, se acabó esfumando.

Su plática sobre antros, vestidos, marcas de ropa, fiestas,
influencers y no sé qué tanta banalidad fue algo que me pareció en
verdad lamentable. Y sí, estoy consciente que cada vez ese tipo de
pláticas es la norma en este mundo tan pendejo, pero no deja de ser
triste.

Ya he mencionado que no busco relacionarme, aunque eso no
me impide ver el aparador y, aunque el envoltorio de esta mercancía
(nunca mejor dicho) se veía atractivo, era obvio que el contenido era
hueco.

Después me puse a pensar: "¿Acaso no hay mujeres sensatas
en esta sociedad de mierda?" pero después recordé que sí conozco
algunas en el trabajo además, unos minutos después, en la placita en
donde compro mi comida, escuché de paso la plática de otras dos
mujeres guapas, que se notaban más centradas y menos superficiales.

Sé que sueno dramático al decir que no hay esperanza para la
humanidad, pero es que la estupidez e insensibilidad va creciendo a

pasos agigantados, porque ya son mayoría, por lo que no tardan en apoderarse de todo. Sólo espero estar muerto para cuando eso pase.

Mi única preocupación cuando salí con mi auto es que, por lo menos, esas "Muñequitas artificiales" hayan dejado propina a los chicos del lavado porque, al irme antes, no pude ver si tuvieron esa decencia o no.

Y ya, en menos de media hora en que lavaron mi auto, me llevé esas observaciones sobre la lamentable humanidad de la que, por desgracia, también formo parte.

Nueve de Abril del 2023

Aversión a la inclusión

En la historia de la humanidad hay muchos ejemplos de una buena idea pero con una pésima ejecución que, irónicamente, logran el efecto totalmente contrario.

Me resulta increíble que, con la educación que recibí y las ideas que tenía hasta hace unos 12 o 15 años, ahora me encuentro más cerca der ser un homofóbico, racista o misógino que lo que nunca estuve jamás, ¿la razón? El intenso acoso.

Pero vayamos por partes.

El mes de los putos.

Desde hace unos años, el mes de Junio se ha vuelto el segundo menos favorito, sólo detrás del insoportable Diciembre y su agobiante época navideña.

Con eso de que fue declarado el mes de la inclusión y el orgullo, todo el puto mes (nunca mejor dicho), nos tienen bajo un acoso constante, metiéndonos la propaganda gay por todos lados.

Por desgracia, la empresa ha entrado a esa moda de manera plena, incluso teniendo un departamento de inclusión, el cual nos acosa de manera bien cabrona, especialmente durante el mes de Junio. Y es que nos mandan cursos, mails y propaganda de manera constante, haciendo incluso menús y eventos alusivos que nos aplican a todos.

Y nos invitan a sacarnos fotos apoyando a los gays, vestirnos con colores de la bandera gay, escribir algo en su muro de amor gay, nos dan postres gays y demás adoctrinamiento.

¿Les funciona? ¡Para nada! De hecho logran el efecto contrario, porque sólo inyectan en nosotros un odio hacia la comunidad LGBTXYZ de tanto que nos están jodiendo.

En mi área no somos (tan) homofóbicos, pero en ese mes, el sentimiento homofóbico crece de manera descomunal, incluso mis compañeras, tan propias y educadas ellas, llegan a expresarse con desprecio y usar palabras como "Puto", "maricón", "marica", "puñal" y demás que, normalmente, no forma parte de su vocabulario, esto por el hartazgo que nos ocasiona la intensa propaganda a la que nos someten.

Pero no sólo es mi departamento, tengo amistades bastante mesuradas, tanto dentro como fuera del trabajo, que se llegan a expresar igual, por el hartazgo de sentirse acosados por tanta propaganda.

Y los hechos lo demuestran. Por ejemplo, de su campaña de "Sácate una foto con tu departamento apoyando a la inclusión gay", no se enviaron tantas al interior de la empresa, lo cual quiere decir que la participación (si es que la hubo) debió ser paupérrima, de lo contario lo hubieran anunciado con bombo y platillo.

Por otro lado, el día que dieron postres multicolores en el comedor, era notorio que la gente los dejaba, al igual que el año pasado, escuchando comentarios como "Yo no quiero eso de putos".

Pero mi favorita fue cuando, un día antes de la fecha de conmemoración de la inclusión, nos enviaron un comunicado a todos los empleados para que fuésemos vestidos de los colores de la bandera gay. Al día siguiente, el panorama era hermoso: no recuerdo haber visto, a excepción de conciertos de Rock, a tantas personas vestidas de colores oscuros (básicamente negros y azul marino), en una manera de manifestarse en contra de dicha medida. A lo largo de dicho día, sólo alcance a ver unas tres mujeres vestidas con los colores del arcoíris (en la empresa somos más de 20000 personas).

Todos esos hechos demuestran que los empleados estamos en contra de ese acoso que hacen sobre nosotros. Al grado que, cuando fue el Viernes 30, era común escuchar "¡Por fin se acabó este mes culero!".

Pero lo nuestro es civilizado.

El público se hace escuchar

No sólo somos los intolerantes "homofóbicos" de mi empresa, ya que esto se da en otros lados del mundo.

Recién leí que la página de Instagram del club de Fútbol Barcelona, perdió 440000 seguidores tras un mensaje de apoyo a la comunidad LGTBTXYZ, todo por compartir unas fotos con ocho banderas del arcoíris para apoyar el día de la inclusión gay.

Otro ejemplo, debido a los daños realizados en diversas locaciones en el pasado, Starbucks decidió este año no decorar sus sucursales (por lo menos en Estados Unidos) con propaganda LGTBXYZ, esto para evitar más violencia. Algo así le pasó a Target que, ante los primeros atisbos de poner propaganda inclusiva, recibieron amenazas de muerte y de atentados si mantenían toda esa parafernalia, así que optaron por no ponerla.

Pero la acción más fuerte fue en contra de Budweiser que, al patrocinar a una persona trans, sus ventas se desplomaron de manera impresionante, incluso recibiendo amenazas de muerte y de atentados. Esa caída en las ventas hizo que perdieran 5 mil millones de dólares en su cotización de bolsa, por lo que sus acciones valían casi nada. Por tal motivo, la empresa cervecera tuvo que cesar a dos directivos que permitieron tan "brillante idea", además de retirar todas las imágenes alusivas a dicho evento.

Pero todavía no terminamos con empresas gabachas.

Negro a huevo

Desde que la anunciaron fue un escándalo: una sirenita negra. Y venga, no es porque fuera negra, porque si la hubieran hecho latina, indígena o asiática, la respuesta iba a ser la misma: "¡No adapten lo clásico!"

El problema no es que nos metan protagonistas negros en las películas, según esto para lograr más inclusión, el problema es que adaptan personajes ya definidos, con tal de quedar bien.

¿Neta es tan difícil hacer una historia nueva con un protagonista negro? ¿En verdad deben de modificar cualquier cosa que se les cruce con tal de quedar bien? ¿Cuál es la necesidad de adaptar algo ya existente a sus ideas progres?

El rechazo de la gente no es porque la protagonista sea de una minoría, la molestia es tomar algo a lo que todos tenemos cariño, con tal de meternos a huevo el "Tienes que amar a los negros".

De ahí vinieron tantos escándalos que demostraron con modificación de posters para hacerla más blanca, tendencias en su contra en redes sociales o simple boicot para no verla. Sé que en Estados Unidos logró una buena aceptación, por su población negra representativa, sin embargo, alrededor del mundo, no ha sido así.

De hecho, al momento ha recaudado poco más de 540 millones de dólares y se considera que, para que no sea un fracaso, debe pasar los 560 que, si los llega a alcanzar, será por muy poco, y más considerando que ya está en sus últimos días en cartelera. Sólo por mencionar que los otros "Live Action" que hizo Disney (Como Aladdin, el Rey León, Alicia en el país de las maravillas, Cenicienta, La Bella y la bestia o El Libro de la Selva), superaron los mil millones de dólares y se consideran éxitos de taquilla.

Y como hay algo que pesa más que la inclusión a las empresas, que son las ganancias económicas, es factible que Disney se replanteé dejar estos experimentos inclusivos por la paz si siguen sin rendir frutos deseados.

De hecho ya cesaron a los responsables de la película "Lightyear" (el cual muestra una escena gay): Angus MacLane y Galyn Susman; así como a la directora de inclusión (LaTondra Newton), por el resultado de la Sirenita, quien estuvo detrás de la decisión de esta película, todo por el fracaso que significó este experimento.

A ver cómo le va al Capitán América negro que se estrena el otro año.

Pero sigamos con el país que inició con todo este movimiento Progre (o "Woke" como lo llaman allá).

Golpe de timón

El año pasado (2022), la suprema corte de Justicia de Estados Unidos anuló la sentencia del famoso caso de "Roe contra Wade", que servía de protección para que las mujeres abortaran. Eso les quitaba su derecho a nivel federal y ahora cada estado iba a tener la facultad de regular localmente el tema del aborto, lo cual resultó que muchos lo prohibieran.

En esa ocasión me sentí triste, porque soy un partidario leal del aborto y que la mujer puede hacer lo que su chingada gana se le dé con su cuerpo. Sin embargo muchos lo celebraron, no sólo en Estados unidos, sino en el mundo, en respuesta al feminismo extremo respecto al tema. Que venga, también me cagan las feminazis, pero a pesar de ellas, sigo apoyando el aborto.

Pero hace unos días, la misma Suprema corte, dictó otras tres decisiones que van por el mismo tono: darle un golpe a los Woke.

La primera fue un fallo que le permitía a (si no mal recuerdo) una fotógrafa de Phoenix negarle el servicio a parejas gays, esto por motivos religiosos. Y venga, que me caga la religión, y la sentencia puede ser una estupidez, pero fue la herramienta que tuvo la dueña del lugar para negarle el servicio a parejas con las cuales no se sentía cómoda. Y ése es su derecho, ella puede decidir a quien atiende y a quien no, pero tuvo que ir a la corte para defender su libertad, de lo contrario la hubieran demandado a ella por discriminar.

Y esta situación resulta totalmente ridícula, porque ahora tienes que demandar primero para que se te concedan libertades. Porque eso sí, puedes poner negocios enfocados en gays, negros, judíos o lo que quieras, y nadie te verá feo, pero no puedes elegir tu clientela porque de pronto eres un monstruo nazi. Así que celebré ese fallo porque abre la puerta para que más gente pelee su derecho de hacer negocios con quien quiera, y no con todos por obligación.

El segundo fallo fue algo que no sabía que existía pero, cuando me enteré, aplaudí la medida. La llamada Discriminación "positiva" o "afirmativa" era una ley que obligaba a las universidades a dar ciertos cupos a las minorías, sin importar su desempeño académico, simplemente basados en su color y/o raza.

La Suprema Corte lo desechó porque, como bien dice su nombre, eso es discriminación, ya que estás asegurando lugares a alumnos, no basados en sus notas o capacidades, simplemente en su raza, y eso no es justo.

Y es que puedes dejar fuera a estudiantes capaces y brillantes, por el simple hecho de ser blancos, y le estás dado oportunidades a personas que, en condiciones normales, no debería estar ahí.

"Pero Hebert, eso es una manera de inclusión" con lo cual no estoy de acuerdo. Sé que las condiciones de las minorías en Estados Unidos contra los blancos son muy dispares, pero la solución no está en las dádivas, sobre todo injustas.

Si das dádivas, no aseguras el desarrollo de las minorías, sino su dependencia a que los ayudes para salir adelante. Por ejemplo, Alemania no da becas a los judíos o a los turcos, pero se trata de dar condiciones justas para que, quien se lo gane, logre prosperar en su sociedad, no dándole privilegios a los de abajo.

Continuemos con una que, en mi opinión, es de sentido común y más una cuestión política aunque, en realidad, TODOS los casos en este escrito tienen motivos políticos y de imagen detrás.

La Suprema Corte rechazó el plan del presidente Biden para condonar la deuda estudiantil de los universitarios en dicho país.

A ver, vayamos por partes. Sabemos que los sistemas educativo y de salud en Estados Unidos son estúpida y obscenamente caros, porque casi todos son privados (y hasta los púbicos son de paga). Ése es un tema aparte. También sabemos que el presupuesto que dicho país destina a sus fuerzas armadas es brutalmente mayor que los servicios antes mencionados. Y de eso hablaré abajo.

El tema aquí es "Si tomas chocolate, paga lo que debes". Los costos de las escuelas están disponibles incluso antes de entrar, no hay ningún engaño o falsa promesa. Si quieres entrar a la Universidad, ya sabes lo que te va a costar y la deuda que te vas a aventar encima.

Aquí no hay que no sabía o que me discriminan, aquí son claras las condiciones y si las tomas, entonces no hay otro responsable. Además, nadie te obliga a entrar a la universidad, ya que perfectamente puedes escoger un oficio, que te costará MUCHO menos (en tiempo y dinero) y que te dará buenas ganancias, incluso buscar una beca en el extranjero que te saldrá mucho más barato. Pero no, por cuestión de status, orgullo, trascendencia y demás, la gente quiere ir a la universidad, así que tendrás que pagar el precio.

Aquí la solución no es condonarles las deudas, sino crear un sistema de auténtica educación pública y accesible a la población en general y, de paso, un sistema de salud pública tampoco les caería nada mal, esto tomando algo del gigantesco presupuesto bélico. Ésa es la solución y no caer en medidas populistas de condonar deudas que ellos mismos tomaron de manera voluntaria.

¿Hasta cuándo?

Dejemos tantito a los gringos, recientemente veía un documental, de la propia Deutsche Welle, sobre cómo Alemania debe resarcir y honrar la memoria del Holocausto y qué está haciendo para remendar su error.

Al ver eso me dije "¿Es neta? Han pasado casi 80 años ¿y todavía siguen chingando? ¿Hasta dónde tienen suficiente?" Alemania ha pagado, ha donado, ha reconocido, incluso hasta se ha humillado, como esas imágenes del canciller Willy Brandt arrodillándose ante un monumento en un Gueto de Varsovia.

¿Qué más quieren? Los pobres alemanes no pueden hablar del tema, no pueden mostrar algo de orgullo nacional porque de inmediato los tachan de nazis, incluso tuvieron que modificar su himno para no ser tildados de racistas y/o xenófobos.

Sí, entiendo, cometieron un error, pero ¿cuánto tiempo más deben de ofrecer disculpas? Ahí me parece que hasta un país más mesurado como Japón, que también cometió muchos crímenes nefastos de guerra, se ha mostrado con más dignidad ante la historia de la segunda guerra mundial, al no dejarse chantajear por coreanos o chinos.

Y sí, comprendo que las heridas históricas van a quedar marcadas en el consciente colectivo, en lo que nos quede de tiempo en este mundo (que ya es muy poco). Yo mismo reacciono contra la conquista o la batalla contra Estados Unidos, pero no estoy como el ridículo de AMLO exigiendo disculpas, porque eso no arregla nada (Además de que ni nos la dan). Lo que fue ya fue, podemos rumiar tontamente lo que queramos (como yo), pero eso no va a cambiar lo que pasó, así que hay que ver hacia adelante (que espero lograrlo yo algún día).

Conmigo o contra mí (conclusión)

Comiendo con mis amigas del trabajo, tuvimos una plática muy interesante y centrada sobre el tema de los homosexuales, la inclusión y demás. Haciendo un poco de lado el acoso que la empresa nos hizo, estuvimos de acuerdo en que tienen derecho al mismo trato y tuvimos ideas para integrarlos de manera natural, no de manera forzosa y artificial como pretenden que hagamos con tanto acoso propagandístico

El problema es que, con tanto agobio o acoso, cualquiera pierde ese ánimo de inclusión y es muy fácil irse al otro lado, sobre todo cuando ves que no quieren equidad, sino un trato especial y/o privilegiado.

Por ejemplo, desde joven he tendido a la derecha, pero también tengo ideas de izquierda que he apoyado de manera convencida como el aborto, la eutanasia, acciones contra el calentamiento global, la equidad de género o el respeto a la preferencia sexual.

El problema con las posturas extremas de la actualidad es que te dan a escoger bando "O estás conmigo o estás contra mí", sin que haya medias tintas y, ante tal acoso hacia la inclusión, si tengo que escoger, siempre preferiré la derecha dura a la izquierda artificialmente inclusiva.

Aunque no me siento a gusto con dicha postura, a eso nos orillan, porque esta gente podría ganar mucho apoyo y simpatía si tuviera una postura más sensata o mesurada para buscar una inclusión natural, no forzada, y lograrían mejores resultados. Por ejemplo, mis amigas y yo teníamos una postura muy incluyente hacia los gays, cosa que se ha demostrado en nuestro departamento con cada gay que ha trabajado acá, y no porque nos lo exijan, simplemente es nuestra naturaleza.

Si dejaran que las cosas fluyeran naturalmente tendría bastante apoyo de mucha gente fuera de su bando. Pero nos acaban cansando con su agobio que, al elegir un bando, uno tiende por irse al otro, ya que no nos dejan quedarnos a la mitad, así que tomamos con el que más nos identificamos, aunque no nos convenza al 100%.

El problema es que estas expresiones ya están teniendo sus consecuencias, de ahí que las respuestas de derecha y, peor aún, de ultra derecha o derecha radical, están ganando fuerza, y se está viendo en elecciones alrededor del mundo, y hacia allá vamos, tirándole a tendencias fascistas, y no los justifico, pero tampoco ayuda mucho que no quieran una inclusión paulatina y mesurada, sino que nos acosan con tanta propaganda y se están viendo las nuevas tendencias en contra.

No voy a matar a nadie por su creencia, raza o preferencia sexual, de hecho estoy conforme que tengan los mismos derechos que yo, pero parece que no quieren eso, ellos quieren privilegios, o así lo dan a entender sus voceros, y obviamente, por simple instinto de conservación, cuando te sientes desplazado, es natural que el humano reaccione a lo que se considera como una amenaza a su bienestar.

Si las minorías fueran más inteligentes, no acosarían a la gran mayoría en busca de privilegios, porque están consiguiendo resultados completamente contrarios a los que soñaban. De hecho no tardaremos en que la realidad se voltee a una versión "Anti-Woke" y vendrá la época de la extrema derecha, que tampoco es deseable pero, con las tendencias actuales, es inevitable.

Diez de Julio del 2023

Comentarios Finales

Algo que he entendido durante todo este tiempo es que, aunque la teoría dice que podríamos tener los mismos derechos y la misma importancia, la realidad es que nadie anhela realmente justicia ni equidad.

Al ser humano le importa mucho tener privilegios de cualquier especie, de sacar ventaja sobre el resto del mundo y, en especial, de sus congéneres. Así que, por más que haya estado sometido cierto grupo, en su interior, anhelan estar en el papel de amo, no sólo por venganza, sino por instinto.

El humano se queja por la desigualdad, pero no en general, sólo se queja por la que le afecta individualmente o al grupo al que pertenece, porque está perfectamente a gusto con la injusticia que le favorece, y ésa no le corre prisa solucionarla.

Sí, es verdad, ciertamente hay gente que busca de forma auténtica la equidad pero, también es cierto, esas personas son la minoría, humanos que en realidad buscan un mundo mejor. Los que sí son mayoría son todas esas personas que claman por equidad, igualdad y justicia, pero no aclaran que la quieren para sí mismos o el grupo al cual pertenecen.

Es por eso que las feminazis (que no son lo mismo que las feministas), no quieren equidad, sino que quiere someter a los hombres, los gays no quieren un mundo inclusivo, sino uno en donde ellos ahora sean el clan dominante. Los negros no quieren ser tratados igual que los blancos, sino quieren ser tratados aún mejor que ellos y, si es posible, que los blancos sufran lo que ellos pasaron.

Así que sólo me queda aceptar que en la humanidad jamás habrá justicia, jamás habrá equidad o igualdad, sólo será una lucha constante entre los intereses de los distintos grupos que la componen y, sólo así, se podría alcanzar una especie bizarra de equidad, pero más por lucha de poder que por intenciones auténticas de un mundo justo.

Y es que, como se ha demostrado a lo largo de la historia de la humanidad, el ser humano siempre busca las mejores condiciones para sí mismo y el clan al que pertenece, sin importar a quien se tenga que llevar entre las patas para lograrlo. Ésa es su justicia.

Hebert Gutiérrez Morales